JN017799

高橋尚幸

時間割まで子供が決める!

# 流動型『学び合い』の授業づくり

小学館

装幀　近田火日輝（fireworks.vc）

装画　坂内　拓

イラスト　明野みる

# 目次
## 時間割まで子供が決める！
# 流動型『学び合い』の授業づくり

# 第1章

# 縦横無尽に学ぶクラス

# 流動型『学び合い』とはこんな授業です

　2017年頃から知名度が飛躍的に向上した『学び合い』（二重括弧学び合い）をご存知でしょうか。『学び合い』とは、上越教育大学教職大学院の西川純教授が提唱する授業理論です。「一人も見捨てない」教育を実現するために、「子供たちは有能である」という子供観、「学校は多様な人と折り合いをつけて自らの目標を達成する経験を通して、その有効性を実感し、より多くの人が自分の同僚であることを学ぶ場である」という学校観に基づき、教員は目標の設定は行いますが、教えることは可能な限り少なくし、子供たち自身が目標を達成できるように促す授業を行います。

　一般的な『学び合い』の授業は、１単位時間につき一つの課題が設定され、それを全員が達成できるように、みんなで力を合わせて学び合う、という形です。『学び合い』という名称や「一人も見捨てない」という言葉とも相まって、『学び合い』の授業＝全員が課題を達成できるように一丸となって教え合う授業、というイメージが広まっているようです。

　しかし、そういった「全員一丸」の『学び合い』の授業は、最初の２〜３か月で「卒業」しなければなりません。学び合う力が高まったクラスでは、子供同士の関係が流動的になります。いわゆる「仲良しグループ」が減少し、「誰とでも学べる」ようになっていきます。数人で相談することもあれば、一人で学ぶこともあります。授業の途中で、

「ちょっと一人で考えるね」

　とグループを抜けることもありますし、

「ねえ、ちょっと教えてよ」

と他のグループに混ざることもあります。

　そのためには、課題の難度を上げる必要があります。課題が簡単だと、子供たちは一生懸命に学び合わなくてもなんとなくできた気分になったり、１時間の最後に間に合えばいいのでゆっくり勉強するようになったりしてしまいます。その結果、おしゃべりが増え、ゆるんだ学び合いになってしまうのです。それを避けるために、私は課題の出し方を変化させます。最初は「１時間に１課題」からスタートしますが、徐々に「複数の課題を２〜３時間で行う」「１単元分の課題を全て最初に提示する」というように課題をまとめて提示するのです。長い時間の中で課題に取り組むことによって、子供たちは流動的な関係の中で学べるようになります。

　そして最終的には、時間割さえも流動的になっていきました。

　時間割が流動的、というのは「複数時間で、国語・社会・算数・理科・その他の教科の何を、どこで、誰と学習してもよい」というように、時間割を子供たちがそれぞれで決めるということです。

　学ぶ教科も相手も場所も時間割も流動的。だから「流動型『学び合い』」と名付けました。

　この流動型『学び合い』は、１時間目から６時間目の丸１日で行った時もあれば、５〜６校時の２時間だけというように時間を限定した時もありました。子供たちからは丸１日の方が学びやすいと言われていたのですが、時数計算の関係から余剰時数を活用して行っていたので、時数の確保が難しいことが最大の悩みでした。

　流動型『学び合い』の授業を記録した映像があります。当時四年生を担任していた私が「自主公開」を行った際に参観してくださった東京学芸大学教職大学院准教授の渡辺貴裕さんによって撮影されたものです。この日は１時間目から３時間目までに国語・社会・算数・理科のどの教科を学んでもよい、という授業でした。

その映像を見ると、授業の冒頭で、私は子供たちにこんな指示を出しています。

「では、1、2、3（校時）、まあ、あとは時計を見て進めてください」

授業に関する指示はこれだけです。曖昧で具体性がない「駄目な指示」だと感じる方もいるでしょう。でも、こんな指示でも、16名の児童は学び出します。数人が、

「何をやろうかな」

と言っていますが、それは困ったような口ぶりではありません。その証拠にすぐに机を動かし、数人のグループをつくり始めました。

「1時間目は社会のまとめをして、2時間目は……」

「理科はどうしよう」

「実験の準備だよね」

と計画を立てたり、相談したりしています。

　子供たちには学習内容については「学習進行表」という単元の目標と活動内容を記したものを配付し、連絡してあります。算数は単元の終わりが近いので、テストに向けて一人で黙々と問題を解いている子もいます。また、社会では学習のまとめとして「学習レポート」の提出を求めていたので、レポートを書いている子もいます。レポートを書き終わった子は、他の子に声をかけて読んでもらいます。基本的に2〜3人の友達に読んでもらってから提出することが多いようです。

　チャイムが鳴って休み時間になっても、学習を止める子は半分くらいです。続けている子はキリのよいところまで進めたいのでしょう。3分、4分と経つうちに自然と休憩したり、

「次は何やるの？」

「私は社会のレポートまだ出していないから、早く書きたいんだよね」

などと相談したりしています。もちろん、テレビ番組やゲームの話などたわいもない会話をしている子もいます。休み時間の終わりが近

づくと、クラスのムードメーカーの男の子が、

「もうすぐ始まるよ」

　と、それほど大きくはないものの、よく通る声で言いました。すると、再び子供たちは学び始めます。その後の時間も、

「もう理科の実験終わったの？」

「まだだよ。結果が出るまで２、３日かかるんだって」

「え、そんなにかかるの⁉　じゃあ、準備しなくちゃ」

　と活発に情報交換をしています。実験の準備を終えたグループは、算数の学習を始めたり、他のグループの実験準備を手伝ったりとバラバラに行動します。流動型『学び合い』では、誰と学ぶのかもゆるやかに変化するのでグループとも言えないかもしれません。ただ、他にどう表現すればよいか適切な言葉が見つかりません。

　子供たちが自分で学び方を選ぶようになると、45分という枠組みが、実に不自由であることがよく分かります。何十分も一つの学習に没頭する子もいれば、次々と教科を替えながら学習する子もいるのです。もっと長く学びたい子にとっても、もっと色々学びたい子にとっても、45分の区切りはピッタリ合いません。

　こんな風に子供たちは、それぞれのペースで、伸び伸びと学んでいきます。四年生であっても、自分たちで自律しながら学びを進めることは十分に可能なのです。この「自律」という言葉は、学芸大学の渡辺さんが私の授業を「自律性を育てる」と評してくださって以来、重要なキーワードになっています。自分たちで考え、判断し、行動できる。そういう姿が「自律したクラス」だと考えています。自律したクラスは、必要な学力も身に付きます。このクラスは、学力テストの結果も高く、また、話し合いや学習レポートの質も極めて高いと胸を張って言えるものでした。ちなみに、中学校へと進学したあとの話も聞きましたが、そこでの成績も良いそうです。

# どうして算数をやっちゃいけないんだよ。
# Ａさんはそう叫んだ

　私が流動型『学び合い』に取り組もうと考えたのは、前年度。この
クラスが三年生の時でした。このクラスには、とっても学習に意欲的
なＡさんという子がいました。Ａさんは集中力が高く、一つの学習に
没頭し夢中になります。例えば、算数の授業で計算練習をしていて
チャイムが鳴っても、学びが止まりません。それどころか、次の国語
の時間になっても計算練習を続けています。愚かな私はそんな時、

　「国語の時間だから、算数をやめてね」

　と声をかけました。Ａさんは素直な子ですから、算数の用具をしま
います。でも、本当は算数の学習を続けたいのです。涙がこぼれるこ
ともありました。そして、時にはこう叫びました。

　「どうして算数をやっちゃいけないんだよ。まだ終わっていないの
に！」

　私はその言葉に、どう返せばいいか分かりませんでした。

　Ａさんの意欲と集中力に応えられるような授業をしたくて、私は毎
日、頭をひねって思案していました。導入を工夫することで、次の授
業への興味と意欲を引き出そうとしたこともあります。「休み時間に
なったら、一度、前の時間の学習を止める」というきまりをつくった
こともあります。でも、うまくいきませんでした。それは、きっと私
がＡさんを「コントロール」しようとしていたからです。私が目指し
ていたのは、子供が「自律」することなのに、その真逆のことをして
しまっていました。反省した私は、Ａさん自身がその高い意欲と集中
力を十分に発揮できるようにしてあげることが、自分の仕事なのだと
気付きました。

その時に思い出したのが、その数年前に担任していた六年生のクラスのことでした。

そのクラスは、三年生・四年生・六年生の合計3年間を私が担任していて、全ての授業を『学び合い』で行っていました。そのクラスが六年生の時に行っていたのが、私が初めて取り組んだ「流動型『学び合い』」でした。あの授業ならＡさんを救えるかもしれないと感じると同時に、同じことを再びできるだろうかと不安も感じました。

なぜなら、その授業は、自然に始まったものだったからです。

六年生の4月。すでに2年間『学び合い』を経験していた子供たちは、当たり前のように『学び合い』に取り組んでいました。『学び合い』では「もっと！　もっと！」と、高い要求をしていかないと集団が緩んでしまう恐れがあります。当時の私にとっては、教科横断型『学び合い』というものが「最高難度」の授業でした。詳しくは第7章で説明しますが、教科横断型『学び合い』による授業では、学習のまとめとして「学習レポート」を書きます。子供たちにはかなりのハイペースでレポートを書くことを求めました。子供たちもそれに応えて、どんどん書き進んでいました。次ページの写真のようなレポートをほぼ毎日、時には1日に何枚も書いていたのです。

今思い出しても、本当によく学ぶクラスでした。その学校がある地域では、六年生が全員参加する陸上大会が、毎年実施されます。子供たちは、100ｍ走や80ｍハードル走、走り高跳びなどの中から一人1種目に、必ず出場します。地区の全学校の六年生が参集する一大行事です。こういう大きな行事の後には、どんなクラスも多少は気が緩むものでしょう。でも、そのクラスは違いました。その年の陸上大会は、6月にもかかわらず25度を超える夏日となった中で行われました。子供たちは競技に一生懸命に取り組み、精一杯応援し、たくさんの賞状をもらうことができました。どの子も翌日はちょっと疲れ顔。

7月4日
題名：線対称・点対称な図形を探そう
今まで学習してきた図形は、線対称でしたが？点対称で
したが？それとも両方でしたか？もしくは、どちらでも
ないかもしれません。今回のレポートは、どれなのかに
ついてです。

まず、四角形についてです。

| 線対称な形 | 点対称な形 | 両方な形 | ちがう形 |
|---|---|---|---|
| ・平行四辺<br>　形<br>・台形 | | ・ひし形<br>・長方形<br>・正方形 | なし |

次に、三角形についてです。

| 線対称な形 | 点対称な形 | 両方な形 | ちがう形 |
|---|---|---|---|
| ・二等辺三<br>　角形<br>・正三角形 | なし | なし | ・直角三角形 |

次に、正多角形についてです。

| 線対称な形 | 点対称な形 | 両方な形 | ちがう形 |
|---|---|---|---|
| ・正五角形<br>・正七角形 | なし | ・正六角形<br>・正八角形 | なし |

これには、すべてきまりがあります。どんなきまりだと
思いますか？それは、ぐう数と奇数なのです。
例えば…

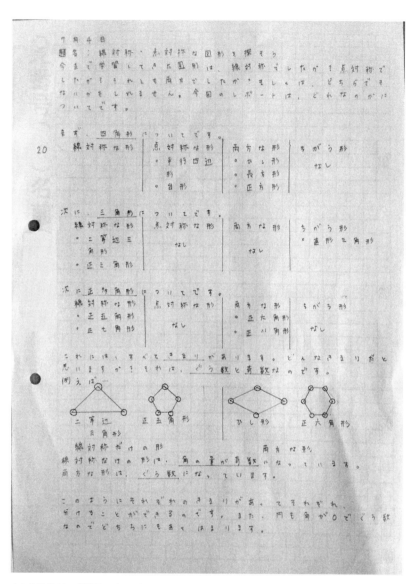

```
二等辺      正五角形      ひし形      正六角形
三角形
   線対称だけの形                  両方な形
```

線対称だけの形は、角の量が奇数になっています。
両方な形は、ぐう数になっています。

このようにそれぞれのきまりがあってそれぞれ、
分けることができるのです。また、円も角が0でぐう数
なのでどちらにもあてはまります。

六年生算数科の「学習レポート」

14

4  15
題名：縄文と弥生のくらし

　みなさんは、弥生村と縄文村のくらし方を知っていますか？今日は、2つの村のくらし方について説明します。

　まず一つ目は、食べ物と住まいについてです。

14　＜縄文時代＞　　　　　　　　　　　＜弥生時代＞
・海草、野鳥の肉　　　　　　　　　　　　・米、木の実
・魚、動物などを食べていた。　　　　　　などを食べていた
・木の実
＜縄文の住＞
　地面を浅くほり下げて床にして、柱を組んで草などで屋根をおおっていた。

 柱

　　　　　　　　＜弥生の住＞
　　　　　　　　　地面を床にして草でおおっ
　　　　　　　　　ていた。

●食べ物は、海草、鳥の肉、動物などから、米などとなって生活が安定していた。だから縄文時代より弥生時代の人口が多く生きれたと思います。

●住まいは、少し変化しました。家は、地面を浅くほって、床にしていたことから、地面を床にして住んでいました。

　このように、縄文と弥生の村では、食べ物がないと生きていけないのです。なので、食べ物がとても重要だと思います。

六年生社会科の「学習レポート」

そりゃそうです。前日にあれほど頑張ったのですから。けれども、だからといって翌日の学習がおろそかになったかと言えば、そんなことはありません。普通に学習をしました。

そのクラスで、普通と言うのはこんなレベルでした。

１時間目の国語では、物語の学習のまとめの感想文を書きました。原稿用紙で３枚４枚と書き進んでいく子もいました。社会では、室町時代の文化について調べました。金閣・銀閣に始まり、書院造について、能・狂言について、水墨画について調べました。指導書では３時間扱いの内容ですが、これを２時間目、３時間目で終わらせました。４時間目、５時間目の算数では、分数のわり算について学習し、最後にレポートを書きました。わり算とかけ算が混ざっている計算や、小数や分数が混ざっているわり算のやり方についてまとめました。

大きな行事の翌日でしたから、１年間で最も疲れている日と言っても過言ではないでしょう。それでも、これくらいは学習しちゃうクラスだったのです。多い子はその日１日で原稿用紙５枚分くらいの文章を書きました。社会科で調べたことや、算数の計算をノートにまとめた分を加えれば、もっと多くなります。文章と言っても、行事の感想ではありません。学習に関することでそれだけ書きました。

これだけ学習できたのは、学ぶことを楽しんでいたからです。楽しいから学ぶのです。私がやれと言わなくても学びます。この日も、５時間目終了のチャイムがなっても学びの手が止まりませんでした。

「終わりだよ」

と私が声をかけても止まりません。２〜３分待ってみても止まりません。こういうことがしょっちゅうあるクラスでした。こんな時にはいつも、

「時間が過ぎているから、勉強はここまで。帰りの準備をしてくださいね」

と頼んで、半ば無理やり授業を終えるのです。

　このように、全力で学ぶことを楽しんでいた六年生のおかげで、私の授業も随分と改良されていきました。前述したように、一般的な『学び合い』では１時間に一つの課題を提示します。でも、このクラスは１時間に一つでは足りません。そこで、１単元分の課題をまとめて提示する「単元『学び合い』」を行っていました（単元『学び合い』については、第５章で説明します）。そうやって授業の課題を先に提示するようにしたところ、１単元全ての課題が終わると、まだ終わっていない子に教える子と次の単元の予習をする子、遅れている他教科の学習に取りかかる子に分かれるようになりました。例えば、１時間目が算数の時間であっても、算数でやるべき課題が全て終わっている子は、他の子に教えつつ、自分はまだ書き上がっていない社会のレポートを書いている、というわけです。逆に、２時間目には予定どおり社会をやっている子もいるけれど、算数で書き終わらなかったレポートを書いている子がでてきます。一つの教室に、社会をやっている子、算数をやっている子、国語をやっている子が混在して、しかもちゃんと質問したり、教えたり、相談したりしながら学び合っているのです。そういった姿は、『学び合い』のことをよく知らない方にはイメージがしにくいかもしれませんね。

　そうやって自然発生的に生まれたのが、最初の流動型『学び合い』の授業です。子供たちが自然に始めたことですので、当時は、特に名前を付けることもなく、「みんなバラバラなことを学んでいる」というだけでした。第８章で後述しますが、「バラバラなことを学ぶ授業」は、最初は「失敗」しました。失敗の原因は、私が計画的にバラバラにしようとしたためです。その自然発生的に誕生した授業を、今度は意図的に成立させるには、どうすればよいのでしょう。私は鈍い脳みそを振り絞って、あれこれ考えていました。その結果思いついたのが、

授業を少しずつ拡大させていくイメージでした。一時間に一つの課題を出す基本的な『学び合い』の授業から、徐々に子供たちに任せる時間を大きく広くしていく、というイメージです。子供たちとはそれを「授業のレベルアップ」と呼んでいました。

　本書では、この「授業が拡大していくイメージ」を読者の皆さんに共有していただけるように、基本的な『学び合い』の授業から流動的『学び合い』に到るまでの「レベルアップの筋道」をご説明していきます。私の悩みや失敗も隠さずに書いていきますので、それらを追体験するような気持ちで読んでいただけたら幸いです。

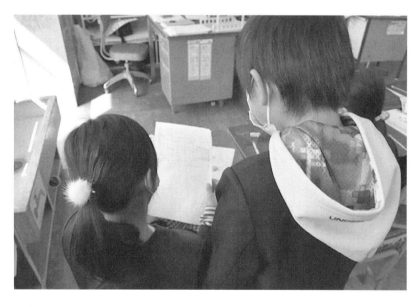

レポートを読み合う。

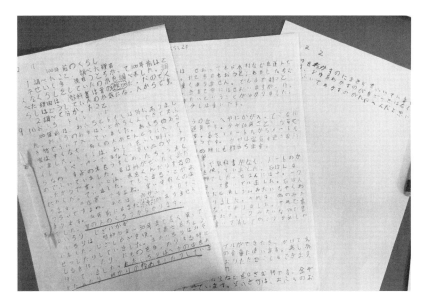

四年生社会科のレポート

レポートを書く子供たち

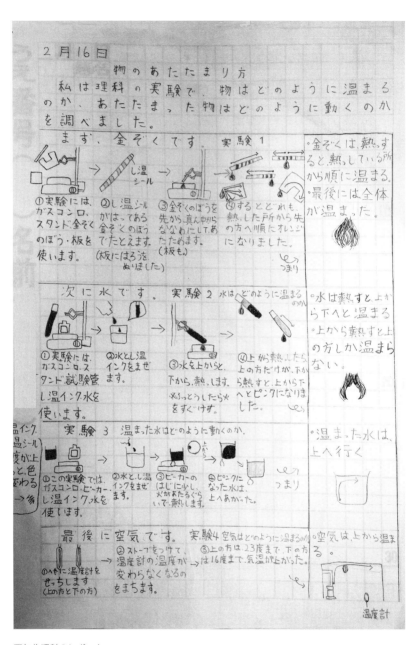

2月16日

### 物のあたたまり方

　私は理科の実験で、物はどのように温まるのか、あたたまった物はどのように動くのかを調べました。

まず、金ぞくです。　実験1

① 実験には、ガスコンロ・スタンド・金ぞくのぼう・板を使います。（板にはろうをぬりました）

② し温シールがはってある金ぞくのぼうをたてかけます。

③ 金ぞくのぼうを先から、真ん中からななめにしてあたためます。（板も）

④ するとどれも熱した所から先の方へ順にオレンジになりました。

・金ぞくは、熱すると熱している所から順に温まる。
・最後には、全体が温まった。

次に水です。　実験2　水はどのように温まるのか

① 実験には、ガスコンロ・スタンド・試験管・し温インク水を使います。

② 水とし温インクをまぜます。

③ 水を上から、下から熱します。※ふっとうしたら火をすぐけす。

④ 上から熱したら、上の方だけが、下から熱すと、上からへとピンクになりました。

・水は熱すると上から下へと温まる
・上から熱すと上の方しか温まらない。

実験3　温まった水はどのように動くのか。

① この実験では、ガスコンロ・ビーカー・し温インク水を使います。

② 水とし温インクをまぜます。

③ ビーカーのはじに少し、火があたるぐらいで、熱します。

④ ピンクになった水は、上へあがった。

つまり

・温まった水は、上へ行く

温インク・温シール度が上と色変わる→多

最後に空気です。　実験4　空気はどのように温まるのか

① ヘやに温度計をせっちします。（上の方と下の方）

② ストーブをつけて、温度計の温度が変わらなくなるのをまちます。

③ 上の方は23度まで、下の方は16度まで。気温が上がった。

・空気は、上から温まる。

温度計

# 学習進行表 名前（　　　　　　　　　）

| 理 | 物の体積と温度 |
|---|---|

| 9時間<br>P98〜<br>107 | **単元の目標**<br>　空気・水・金属をあたためたり、冷やしたりすると体積がどのように変わるのかが分かる。<br>　空気・水・金属で体積の変化が大きい物・小さい物が分かる。 |
|---|---|
| 提　出 | **レポート**<br>1　物をあたためたり冷やしたりすると、体積はどう変わるのか。 |
| やった日 | やること |
|  | 1　P100　空気を手であたためるとどうなるか。 |
|  | 2　P101〜102　空気をあたためたり冷やしたりすると、体積はどのように変わるのか。 |
|  | 3　P103〜104　水をあたためたり冷やしたりすると、体積はどのように変わるのか。 |
|  | 4　P105〜106　金属をあたためたり冷やしたりすると、体積はどのように変わるのか。 |
|  | 5　P107　たしかめよう |
|  | 6　レポート |
| テスト予定日→１１月１０日ごろ | |

四年生理科の学習進行表

# 第 2 章

# 『学び合い』スタート期

# 最初にしっかりと伝える

　毎年の４月。『学び合い』による授業を始める際に、私が必ず伝えることがあります。それは、「なぜ、学び合う授業をするのか」という説明です。多くの子供たちは「勉強は先生に教えてもらうものだ」と思っていますから、「自分たちで学習しましょう」と言われると大きな不安感と不信感を抱きます。ですので、最初に『学び合い』のメリットと目的を十分に伝えることを大切にしています。

　私が伝える内容は次の３点です。

①　学校とは、子供が大人になるためにあります。先生の言うことを聞くのが大人ではありません。大人とは、自分のことだけではなく、みんなのことを考えられるようになることだと私は思っています。みんなには、自分のことだけじゃなくてクラス全員のことを考えられる大人に成長して欲しいと願っています。（学校の目的）

②　みんなは一人一人違う人間です。だから、分かり方は人それぞれ。Ａさんによく分かる説明もＢさんには合わない、Ｂさんに合う説明はＣさんには伝わらない、ということはよくあります。だから、私が説明するのではなく、みんなで力を合わせて勉強した方が、勉強が分かるようになります。みんなというのは、仲良しの数人ではなく、クラスの全員のこと。全員が分かるまで、聞いたり教えたりしながら勉強をしましょう。（学び合う効果と全員の大切さ）

③　説明を聞いて「分かった！」と思っても、テストをやったらさっぱりできない。そんなこともよくあります。本当に分かるまで勉強することが大切です。ただ聞いているだけじゃ、分かったとは言えません。答えが分かるというのは、勉強の初歩の初歩です。答えが分かるだけで満足せず、どうしてそうなるのかという理由が分かって、それ

を友達に説明できるようになってください。(「できる」の基準)

　熱が入りすぎてダラダラと説明しても子供たちは聞いてくれません。私の経験では３分を超えると聞いていない子が急激に増えます。ですので、３分以内に話をまとめるように努力します。話を短くまとめるために、私は図を書いて説明することが多くあります。左下の図は、自律の大切さを説明するために「ゴールにたどり着く道は一つではないよ。自分に合った道を選べるようになろう」と伝える時に使っています。右下の図は「先生が中心のクラスではなく、みんなが力を合わせている姿を先生は見守っているよ」と伝える時に使っています。

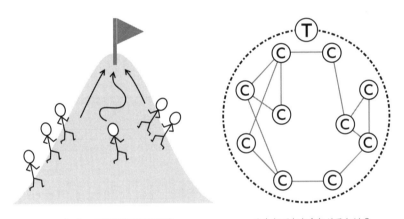

ゴールへの道を自分で選ぼう。　　　　　みんなで力を合わせるとは？

　スタート期にはもちろん、その後も繰り返し、なぜ『学び合い』なのかを言葉にして、子供たちに納得してもらうようにしています。私は最初の１週間についてはどの授業で何を語るのか、事前に計画を立てておきます。ただ、こういった計画が役に立つのは最初のうちだけです。学習が進むにつれて、クラスの様子に合わせた臨機応変な言葉かけが必要になるからです。

| | 8日（月） | 9日（火） | 10日（水） | 11日（木） | 12日（金） |
|---|---|---|---|---|---|
| **H×年度　最初の１週間　学級づくり** | | | | | |
| 朝の活動 | | ・「ピンクがすきってきめないで」<br>・サークル作り・名札作り<br>・地区子ども会の説明 | ・「ぼくがラーメンたべてるとき」<br>・サークル入れ換え<br>（違う人を隣に！） | ・読書のきまり<br>・ノートの紹介 | ・１週間のまとめ<br>・ジャーナル紹介<br>・あいさつの大切さ |
| 1 | 着任式 | **国語**<br>○『学び合い』説明1<br>①大人になる<br>②先生一人じゃ無理<br>③本当に分かろう 4みんなで！ | **算数**<br>○『学び合い』説明3<br>高い目標を持とう<br>☆教科書p.5、6 | **国語**<br>☆音読 | **算数**<br>○昨日の算数の振り返り |
| 2 | 始業式 | **理科**<br>専科の先生 | **体育**<br>○バトンパス話合い<br>☆全員リレータイム測定<br>練習後、1発勝負 | **理科**<br>専科の先生 | **書写**<br>専科の先生 |
| 行間 | | 地区子ども会 | | | |
| 3 | 入学式 | **算数**<br>○『学び合い』説明2<br>「みんな」の意味 建築モデル<br>☆教科書p.4 | **国語**<br>○『学び合い』説明4<br>いつでも心を開こう！<br>☆物語メーター | **算数**<br>○『学び合い』説明5<br>説明できるってどういうこと？ | **国語**<br>☆本のラベル確認（p.14）<br>☆読書のすすめ（カード記録）<br>☆図書館利用のすすめ |
| 4 | | **社会**<br>☆歴史の勉強って何？<br>説明 | **社会**<br>○調べるきまり<br>ノート提出の徹底 | **社会**<br>○調べるきまり<br>ノートの確認 | **行事**<br>身体計測<br>終了後は<br>「ようこそ1年生プロジェクト」 |
| 給食 | | 給食ルール | 歯磨きルール | 清掃に関する話合い<br>班長の役割って何？ | 清掃に関する話合い<br>良い清掃って何？ |
| 昼休み | | | | | |
| 5 | | **学活**<br>☆教室リフォームプロジェクト | **道徳**<br>☆よりよい校風<br>○委員会と関連 | **行事**<br>「1学期の個人のめあて」<br>4年生終了後に視力検査 | **道徳**<br>目標を持って<br>☆学級目標完成 |
| 6 | | **学活**<br>↓<br>振り返りジャーナル開始 | **総合**<br>☆パソコン使用のルール確認<br>☆ようこそ1年生プロジェクト<br>スタート | **体育**<br>○良いフォームの説明<br>○目標タイムの確認<br>☆最後に全員リレー | |

↑最初の１週間の指導計画例

## ●大きな夢を語る

　授業の最初に語る３点、学校の目的・学び合う効果と全員の大切さ・「できる」の基準は、ちょっと現実的な話です。それとは別に、大きな夢のある話も語るようにしています。このクラスはとっても良いクラスになりそう！　そう感じてもらえるような話です。私の定番の話は「日本一のクラスになろう！」です。

「私は、日本一の先生になるのが目標なんです。日本一の先生ってどんな先生だろう。私は日本一のクラスを担任しているのが日本一の先生だと思っています。だから、このクラスを日本一にしたいんです。日本一賢いクラス、日本一楽しいクラス、日本一チームワークの良いクラス、日本一幸せなクラス。そんなクラスにしたいと本気で思っています。

　日本一と言われても、ピンとこない人もいるでしょう。日本一かどうかどうやって証明するのか疑問を感じる人もいるでしょう。でもね、もしテストが全員満点だったら、それ以上はないのだから間違いなく日本一です。いじめがゼロなら、日本一少ないと言えます。全員が一人残らず幸せなら、日本一幸せだと言えます。ね、日本一って十分可能でしょう？」

　私はもう40代ですから、「日本一！」なんて青臭いことを言うことにちょっと照れ臭さがないわけではありません。でも、本気で宣言します。教員が夢や理想を語らずに、子供たちが夢や理想を抱くことができるだろうか、とも考えています。さらには、こんなことも付け加えます。

「もしも、先生が『あなたはテストで満点取れないよ。あなたは無理だから、満点は取れなくてもいいよ』とか『クラスに一人や二人、いじめられる子がいても仕方ないな。あなたがいじめられても先生は助けないよ』とか『あなたは幸せじゃなくても知らないよ』なんてことを考えていたら、ひどすぎるでしょう？　全員が満点を取ってほしいし、いじめは絶対に許さないし、全員に幸せであって欲しいのが当然だと、私は考えています。そういうクラスを目指さない理由が分からない。なろうよ、日本一に！」

　こんな話をすることで、「日本一」というのがただのスローガンではなく、本気だということを伝えるのです。加えて、「日本一を目指

すクラスなのだから、他のクラスとはちょっと違うことをするのは当たり前」という意識を持ってもらい、『学び合い』への抵抗感をやわらげるというずるいねらいもあります。

　もちろん、全ての方が「日本一」を宣言しなくてもよいでしょう。でも、どんなクラスにしたいのか、何を目指すのかを明確に伝えることはとってもとっても大切です。最初は少々ぶれるかもしれません。私だって最初から「日本一のクラスになれる」と今ほど本気で信じていたわけではないのです。何度も子供たちに語っているうちに、どんどん本気の度合いが高まってきたというのが正直なところ。もちろん、今でも自分が日本一の教員になれるとは全く思ってはいません。それでも、子供たちには一人残らず幸せになって欲しいと思っています。そこは本気だからこそ、自分を鼓舞する意味も込めて「日本一になろう」と言い続けています。

## 「1時間に一つの課題」からスタート

　その夢と日々の授業がつながっていることも大切にしています。4月当初の授業では、日本一のクラスに向けて、そして、「一人も見捨てない」を具体化するために、クラス全員が課題を達成できるようになることを求めます。全員ができればとりあえず日本一ですからね。そのために、

**～を、クラス全員が3人以上に説明できる。**

　という課題を出します。多くの子供たちにとっては、「友達」と言えば仲の良い数名だけを指します。子供が、

　「友達がみんな持っているから、○○を買って！」

　と言うことがありますが、「みんな」と言っても持っているのは3～4名にすぎない、というのはよくある話です。その子にとって「友

達みんな」とは、クラス全員のことではなく、仲良しの数名にすぎないのかもしれません。そのため、

「一人も見捨てないようにしよう」

と教員が伝えても、仲良しの数名ができれば「これでいいよね」と感じます。それ以外の人は「自分には関係がない」といった雰囲気。これを打ち破るために、仲良しの数名だけではなくクラス全員のことを考えるようになること、できるだけ多くの友達と関われるようになることが、スタート期の『学び合い』で最も大切な課題となります。

子供たちが関わり合える課題にするために、「課題の具体性」を大切にしています。どんなことができるようになればよいのかを具体的に示すのです。例えば社会科であれば、

**縄文時代の生活について、住居・食べ物・道具の三つの視点から3人以上に説明できる。説明を聞いた人は、納得できたらノートにサインをする。説明が間違っていたり、足りなかったりした場合は、よりよい説明になるように相談してからサインをする。**

**全員が3人以上からサインをもらえるようにする。**

という課題を出します。以前、「縄文時代の生活について説明できる」というような、何を答えればよいのかが曖昧な課題を出してしまったことがあります。これだと、

「縄文時代は竪穴式住居に住んでいたんだよ」

という説明だけでも一応は課題が達成できたことになってしまいますが、それだけでは縄文時代の生活についての学習としては不十分です。簡単に説明できてしまうので、友達に質問しなくても分かる子がほとんどで、関わり合いが生じません。それを避けるために、「住居・食べ物・道具」というような具体的な視点を示します。より詳しく調べたり説明したりできるようにするとともに、子供同士が、

「それでは説明が足りないよ」

「食べ物や道具のことも調べてね」

　と声をかけ合えるようにもなるからです。社会に限らず、「どんな視点から考えればよいのか」を示すことで、具体的な課題にすることができます。

　算数科であれば、

　**教科書○ページのＡのやり方とＢのやり方の両方について３人以上に説明できる。説明を聞いた人は、納得できたらノートにサインをする。説明が間違っていたり、足りなかったりした場合は、よりよい説明になるように相談してからサインをする。**

　**全員が３人以上からサインをもらえるようにする。**

　というような課題を出します。この時期は、私は教科書に載っている解き方を大切にします。時には「○○という言葉を使って解く」というように、さらに具体的・限定的な課題の出し方もします。必要な知識や語句をしっかりとおさえるためと、具体性のある課題であるからこそ、

「Ａのやり方の説明が足りないよ」

「Ａのやり方はわかったんだけど、Ｂが分からないから教えて」

　というような関わり合いが増えることを期待しているからです。

「３人以上」というのもポイントです。多くのクラス、特に高学年だと「３人組」の仲良しグループが多いのではないでしょうか。この場合、「２人に説明できる」だと、その仲良しグループ内で説明してしまえば課題が達成できてしまいます。３人以上となれば、３人組内プラス１の説明が必要です。また、仲良し４人組や５人組に対しては、

「３人"以上"ですよ。３人で終わらなくていいんですよ」

　と声をかけます。そして、実際に４人、５人と説明している子を大いに褒めます。そして、こんな声をかけます。

「説明すればするほど、人間は忘れないんですよ。説明したふりだけ

だと、テスト前に忘れてしまいますよ」

　このようにクラス全体に声をかけることは、スタート期の『学び合い』では極めて重要です。私は全員が課題を達成できるように、クラス全体を見回しながら、声をかけます。

「分かりやすい説明ですね」

「きれいに図が書けていますね」

　というような、個人の学習に関わる声かけはあまりせず、

「今、『教えて』って言えた人がいるよ。友達に聞けるって大切だね」

「お！　まだできていない人に『どこが分からないの？』って聞いてあげている人がいるなあ。とても素敵だなあ」

「説明の間違いを直してあげているね。ちゃんと聞いている証拠だね」

　というような学び合い方に関する声かけが中心です。こういったことを伝えることで、子供たちが「先生はちゃんと見ているんだ」という安心感と緊張感を持って学べることをねらっています。

　４月中は、このような「３人以上に説明できる」という課題を繰り返し出します。クラス替えがあった場合は、去年は違うクラスだった子とも説明し合えるように声をかけます。クラス替えがなかった場合は、去年のうちに形成された見えない壁を乗り越えて説明し合えるように励まします。例えば、男女の壁や、仲良しグループの壁などです。また、孤立しがちな子にとっては、３人以上に説明するという課題はなかなか難しいものがあります。その場合、その子に、

「ほら、時間がないよ。３人以上に説明してね」

　と声をかけすぎると、その子がどんどん苦しくなってしまいます。

「一人でやることは悪いことじゃないよ。でも、ちゃんと説明をしてね。まだ３人に説明できていない人を見つけたら、どんどん聞いてあげてね」

　というように周囲の子に声をかけるのが原則です。基本的に声かけ

は個人ではなく、全体に行います。個への声かけは、的外れになってしまう場合が多いのです。じっくり考えている子に、

「ほら、聞きにいかなくちゃ！」

と急かしてしまったり、友達が考えているのを温かく見守っている子に、

「早く教えてあげなさい」

と叱ってしまったり。そんな失敗を何度もしてしまいました。どんなによく見ているつもりでも、私が個人を見られる時間は限られています。ですから、個への声かけは危険なのです。集団に対する声かけについても、何をどう言えばよい、という「正解」は分かりません。でも、絶対に必要だと断言できることが一つだけあります。それは子供たちに、

「先生は、本当に全員のことを思っているよ。先生は、本気で一人も見捨てたくないと思っているよ」

という心を伝え続けることです。私がその心を忘れてしまうと、とたんに子供たちは学び合わなくなってしまう、という苦い経験を何度もしています。

その心を具体化する授業の一つが、「1時間に一つの課題を出し、それを全員が達成できることを目指す授業」なのです。ただし、全員が達成できなくても、子供たちを責めてはいけません。

「全員できていないのは、一生懸命教えていないからです。しっかり教えなさい！」

なんて責められてやる気のでる子はいません。これも、過去に何度も私が犯した失敗です。今では、

「全員達成できなくて、残念です。何がよくなかったのか、よく考えてくださいね。次に期待しています」

というように励ますようにしています。

# テストを大切に

　学習の成果を最もシンプルに実感できるものがテストだと思っています。どんなに楽しく学び合っていても、テストの点数が低ければ、子供たちも保護者も、

「この授業で大丈夫なのかな」

　と不安になるでしょう。一方、普段の授業で一生懸命に友達に説明した子や積極的に質問している子がテストで高得点を取れれば、

「学び合ってよかった。友達に説明してよかった。聞いてよかった」

　と実感できるでしょう。ですから、私はテストの点数を大切にします。

　時々、『学び合い』を実践している仲間から、

「子供たちは一生懸命に学び合っているし、楽しいと言っているんですが、テストの点数が上がらないんです。原因は何なのでしょうか」

　という質問を受けます。もし、本当に子供たちが楽しく一生懸命に学び合っているのならば、その答えは簡単です。授業でやっていることとテストの内容が一致していないのです。

　例えば、小学校で多く使われている国語のワークテスト（業者テスト）で考えてみましょう。多くのワークテストは表側が「読み取り」の問題 100 点、裏が漢字 50 点、言葉 50 点となっています。配点としては、読み取りが二分の一、漢字とそれ以外の言語事項がそれぞれ四分の一になっているというわけです。では、授業時数はどうでしょうか。漢字の練習に四分の一の時間を割いているでしょうか。授業で行うのは、1 単元につき 1 時間程度、あとは宿題でやるだけになっていませんか。私はそうなってしまう場合が少なくありません。授業でほとんどやらずにテストを行うのですから、その点数は教員の授業

力よりも家庭教育力に左右されます。『学び合い』で成果を出すためには、授業の中でちゃんと漢字練習の時間を確保しなければならないでしょう。授業でちゃんと時間を確保すれば、漢字が苦手な子も書けるようになってきます。

　読み取りについても同じような問題点があります。授業でやっている「読むこと」の指導と、テストの問題はつながっているでしょうか。テストで問われるような問題に、授業の中で全員が取り組むことがどれほどあるでしょうか。それがないと、テストの出来はやっぱり家庭教育力に左右されてしまうでしょう。ですから、私は国語の読み取りはテストを意識して課題を出します。テストと同じ問題で授業をするわけではありません。「この授業をしっかりやれば、本当にテストで点数が取れるのか」を自問しながら課題をつくるのです。

　国語のテストでは、よく１問目の問題に「〜をしたのはだれですか」という問題が出ます。また、２問目の問題では「〜の時、○○は何をしましたか」という問題が出ます。これは、学習指導要領では、低学年の指導事項として「行動」を読み取ることが指定されているため、「誰が何をしたのか」をしっかり読み取ることを求めて出題されているのでしょう。ですから、私は、

**１の場面で、誰が何をしたのかを読み取って、表にまとめることができる。**

　という課題を出します。学年が上がれば、そこに「心情」も加えます。ワークテストでも３問目には「気持ち」を問う問題が多いですよね。たったそれだけのことで、その教科が苦手な子の点数はぐっと上がります。テストの点数が低い子は授業が頼りなのですから。

# 子供たちの声で評価しよう！

『学び合い』に限らず、新しいことに挑戦した時期は、褒めることを大切にしています。挑戦に失敗はつきものです。それなのに失敗を責められ、叱られてばかりいたら、意欲はどんどん下がってしまいます。そうならないように、スタート期には褒めることを基本にしています。もちろん、できていないことは指摘しなければいけませんし、良くない行動があれば注意する必要もあります。でも、褒めることと叱ることの割合は、３対１くらいがちょうどよいというのが私の感覚です。

　もう一つ、褒める上で気をつけていることがあります。それは「子供同士で認め合うこと」です。

　どんなに頑張って褒めていても、私一人では限界があります。４月当初は毎時間、力一杯褒めていても、だんだんとしりすぼみに。それでも子供たちは「高橋先生はよく褒めてくれる」と言ってくれますが、でも確実に減っていきます。

　それに、私が頑張って褒めても、どうしてもムラが出てしまいます。何度も褒められる子もいれば、全く褒められない子もいるかもしれません。そうならないように努力していますが、全員を平等に褒める自信はありません。

　ですから、誰が頑張っているのか、誰が成長したのかを、子供同士で見てもらうのです。

　「先生はみんなをどんどん褒めたいと思っています。怒られてやる気がでる人はいません。褒めることは大切だと分かっているのだけれど、でも、先生一人では限界があるし、不公平になってしまうんです。だから、みんなの力を貸してください。みんなでみんなの頑張りを見付け、認め合ってください。その方が絶対にいいクラスになります」

と頼むのです。そして、授業中に教えてもらったら相手にどんどんお礼を言ったり、振り返りの時に、「誰のおかげで分かったのか」「誰に助けてもらったのか」「誰の教え方が上手なのか」「誰が積極的に質問しているのか」「誰があきらめずに努力しているのか」などを書くように伝えます。つまりは、誰を褒めるのかは子供たち自身に決めてもらうのです。

私のこういうやり方に対して、

「教員が果たすべき大切な役割というものがある。それを児童にやらせていいのか」

という批判を受けたことがあります。きっとそういう方は「大切なことは教員がやるべき」という考え方なのでしょう。でも、私は「大切なこと」だからこそ、子供たち自身にやってもらいたいと考えています。だって、教室では子供たちが主人公ですよね？　だったら、主人公である子供たちが「大切なこと」をやるべきでしょう。そういうスタンスで接することが、子供たちが主体的に学べるようになるための第一歩になるとも思っています。

## 価値観づくり

『学び合い』では「子供たちは有能である」という子供観に立って指導を行いますが、４月当初は、その有能さが十分に発揮できないことも少なくありません。そのため、いわゆる集団づくり・関係づくりに取り組む教員が多いと思います。私はそれに加えて「価値観づくり」も行います。４月は、集団の中に『学び合い』に基づく価値観の「種」をまく時期です。

私は毎日の朝の会で、１日の予定を説明します。自律したクラスに向け、いちいち私に聞かなくても、次の授業の準備程度のことは行っ

て欲しいからです。でも、私の話をちゃんと聞いていない子はいるものです。そういう子は、例えば２時間目の体育の授業を体育館で行うのか校庭で行うのか覚えていないので、

「先生、体育はどこでやるんですか？」

と質問に来ます。そういう時に私は、

「朝の会で話したから、友達に聞いておいてね」

と答えます。友達に聞いている姿を見たら、

「友達が教えてくれたから、先生の力を頼らずにすんだね」

と笑顔で話しかけます。教えてくれた子には、

「ありがとう。そういう小さな親切がチームワークを高めるんですよ」

と褒めます。もし、なかなか友達に聞けないような場合には、

「誰か教えてあげてね」

と周囲の子に頼みます。そうすれば誰かが教えてくれるものです。

　こういったやり取りは、通る声を意識して、クラスの全員に聞こえるように行います。それによって「先生の話はちゃんと聞いてほしい。でも、全員が１回で理解できるわけではないし、忘れてしまうことだってあるよね。そういう時にはお互いに助け合おう。そうすれば、先生に頼らないクラスになっていくよ」という私の考えを伝えています。

　また、こんな話をしたこともあります。

「みんななら、どっちのラーメン屋さんに行きたい？

　一つ目。行列のできるとっても有名なお店で修行して、作り方を教えてもらった、自分で考えたわけじゃないけれど、とっても美味しいラーメン屋さん。二つ目。全部自分で、一生懸命に考えたオリジナル。とっても苦労して自分で考えた。だけど、とってもまずいラーメン屋さん。

　どっちかな。一つ目に行きたい人？　二つ目に行きたい人？（手を挙げてもらう）意見が分かれましたね。でも、現実には一つ目のラー

メン屋さんが繁盛すると思うよ。先生の生まれた白河市にはとっても有名で美味しいラーメン屋さんがあって、そこで修行した弟子たちが『暖簾分け』をしてもらって、ラーメン屋さんを開いている。お弟子さんのお店も繁盛している店がたくさんあるよ。だって、美味しい方がいいからね。作り方を教えてもらうって悪いことじゃないんだよ。むしろ大切なことだよ。オリジナルかどうかより、ラーメン屋さんは味だよね。

　問題の解き方だって、教えてもらうって大切なことだよ。オリジナルかどうかより、勉強は本当に分かったかどうかだよ」

　最初にこの話をした時には、「二つ目」を選ぶ子が少なくありません。クラスのほぼ全員が二つ目に手を挙げたこともあります。そういう子がいても悪くはないのですが、「人に教わることは悪いこと」という価値観を少なくない子供たちが植えつけられているということは、頭に入れておいたほうがよいでしょう。だからこそ、「教えてもらうのはよいこと」「できないことを隠さないのは立派なこと」という価値観の種をまき、だんだんと「教えて！」と安心して言える芽を出し、育てていきたいと思っています。

## 時間が余るから、遊ぶのです

　１時間１課題の『学び合い』を行っていると、「課題が終わった子が遊んでしまう」ことがあります。これは、ある意味では仕方がないことでしょう。自分の課題は終わったし、周囲を見てもまだ終わっていない子にはちゃんと教えている子が数名いる。そういう状況では、他にやることがなければ、遊んでいる子がいて当然かもしれません。そういう時に、

「まだ終わっていない人がいるんだから、教えなさい！」

と強く言ってしまったところ、一人の子を集団が取り囲んだことも
あります。囲まれている子はどんな気持ちだったでしょうか。それが
嬉しい子もいるかもしれません。でも、囲まれて辛い気持ちになる子
も多いでしょうね。

　今では、課題が達成できそうだと考えて遊んでいる子が出てきたら、
それが次のステップである複数時間の『学び合い』に移行する目安だ
と思っています。子供たちにはこんな話をします。

　「ほとんどの人がもう課題が終わってしまいましたね。まだ終わって
いない人も、あと少しで終わりそう？　そうか、みなさん、学習のス
ピードが上がってきましたね。余裕がでると遊んじゃうんです。みな
さんの成長に、私の授業の準備が追いついていませんでした。ごめん
なさい。

　でも、遊んでいたら時間がもったいないですよね。時間を無駄にし
ていたら日本一が遠ざかってしまいます。課題が終わったあとの時間
も、自分とクラスの成長に使ってください。具体的に言えば、ぜひ、
予習をしましょう。次の時間の課題を黒板に書いておきます。先にやっ
ておいてください。そうすれば、次の時間はすぐに友達に教えること
もできますよ」

　こう言うと、クラスには、

「やった！」

　という歓声が上がります。そして、その時間の課題が終わったら、
すぐに予習に取りかかる子がでてきます。ただし、全員とはいきませ
ん。やっていない子もいるものです。こういう時に、やっていない子
を見ると、

「ほら、早く予習を始めなさい」

　と言いたくなってしまうのは、私だけはないでしょう。でも、新し
いことを始めたらすぐにはできない子がいても当然なんです。「やっ

ていない子」に目を向けるよりも、「やっている子」を見つけて褒めるほうが、予習が盛り上がっていきます。

　予習をやろうとする子が増えるには、予習をやっている子が得をしている必要があります。予習をやればやるほど、授業がよく分かって楽しくなる。そういう状況をつくれれば、予習をする子が増えます。ここで大切にしているのが「次に何をやるのかはっきりと分かっていること」です。次にやることを伝えておくと、予習した子が次時の始めに、

「もうできているよ！　予習したからね」

　と言ってくれます。そういう子が次の時間にどんどん友達に教えたり、質問したりする姿を見て、他の子も、

「予習って大切なんだな」

「私も予習しよう」

　と思うようになっていきます。逆に言うと、次に何をやればよいか分からなかったり、せっかく予習したのに次時に違う授業をやってしまったりすると、予習をする子は減ってしまうでしょう。

　そうならないために、「次の時間の授業のねらいと活動内容」を定めておくようにしています。それが決まっていないと、子供たちに示せません。その場で考えると、次の日に変更することが多くなります。その日の授業を当日に考えるような「その日暮らし」の授業準備をやめて、先を見て授業準備をすることが必要です。もう一つは、口頭ではなく、書いて示すようにしています。できればプリントを用意します。それができなかった場合も、板書して示します。私は適当な性格のため、

「次の授業は、○○をやるよ」

　と言っただけで、黒板に書き忘れてしまうことがたびたびあります。そのせいで課題が正確に伝わらず、私が想定していた学習と児童が実

際に行っている予習の内容がずれてしまい、子供たちに謝った、ということが何度かあります。もちろん、書いて示してもずれは生じますが、口頭の場合よりはいくぶん小さくてすみますし、子供たち同士で、

「次は何をすればいいのかな」

「書いてあるよ。あれをやるんだって」

「これってどういう意味？」

というやり取りも生まれます。

こうして予習をする子が生まれていくことが、１年間『学び合い』を継続していく上で重要になります。こういう子たちがクラス全体の学びの推進力となるのです。そして何より、予習は楽しいものです。特に、その教科が好きな子にとって。一方、まだ授業で扱っていない内容を「勝手に勉強すること」は悪いことだと思っている子も少なくありません。授業の中で「まだ習っていないこと」を使って教員に止められた経験がある子も多いからです。私自身も小学生の時に、筆算を使ってわり算をやったら、

「わり算の筆算はまだ習っていないから、使わないように」

と言われたことがあります。こういう経験は一度や二度ではありません。そのためか、教員になってからも「予習はよいこと」という価値観がなかなか持てませんでした。私の価値観が変わったのは、坂内智之さん（福島県公立小学校教員）と古田直之さん（当時福島県・現北海道公立小学校教員）の実践を知ってからです。坂内さんや古田さんは家庭学習として子供たちにどんどん予習をさせます。校内に「勉強部」という「勉強する部活」をつくって、学習が苦手な子が予習をする時間を確保したこともあるそうです。宿題としても予習を出します。予習ですから分からない問題も当然ありますが、その場合、子供たちは「？」を記入してくるそうです。そして、学校ではその問題が分かるようになるまで学び合います。

坂内さんたちの授業を知ってから、私は予習をよいことだと捉えられるようになりました。そして、子供たちも楽しんで予習することが分かりました。

# 第3章
# 教室や授業は「自分たちのもの」

# 私が『学び合い』しかない、と思ったきっかけ

　私が『学び合い』による授業を始めたのは、ある年の２月です。私は当時、30代前半。１学年１クラスの小さな学校で六年生を担任していました。仕事も覚え、授業にも慣れ、児童にも保護者にも同僚にも恵まれ、楽しい毎日を過ごしていました。そのクラスは、地区の行事やコンクールでも活躍し、学力テストの結果も良好で「とても良いクラス」という評価を得ていました。卒業式まで残り約１か月。そのまま卒業式を迎えても、それなりの達成感を得られたことでしょう。

　けれど、一つだけ気がかりなことがありました。それはＢさんのこと。Ｂさんは授業中に発言することも、板書をノートに写すこともありません。時々、プリントやワークシートに書き込むことはありましたが、それもごくわずか。良いクラスをつくれたという実感を得ていたからこそ、　Ｂさんのことを放っておいたまま卒業式を迎えていいとは思えず、悶々とした日々を過ごしていました。

　Ｂさんをどうにか救いたい。そう考えて様々な指導方法を調べていた中で出会ったのが『学び合い』でした。『学び合い』の「一人も見捨てない」という言葉が、Ｂさんを見捨てたくないと願っていた私の心に響きました。『学び合い』に出会って数日後、卒業前に挑戦しよう、と決断しました。

　最初の授業は算数でした。当時はネット上にアップされていた「『学び合い』の手引き」という冊子に書かれていたとおりの内容を語り、授業を始めました。その１時間目から、驚くことにＢさんはみんなと一緒に勉強していました。友達に説明してもらいながら、算数の問題に取り組んでいるのです。次の国語の時間も同様でした。友達と一緒に、物語文を読み、登場人物の心情の変化を読み取っていました。そ

の時の嬉しさと戸惑いは、今でも忘れられません。

　その後のBさんは、ほとんどの授業で友達と一緒に学び合うことができました。そして、中学校でも「普通に」授業を受けることができていると聞きました。Bさんは、『学び合い』をきっかけにして、授業に参加できるようになったのです。この出来事をきっかけに、私は全ての授業を『学び合い』で行うようになりました。

　翌年の４月。私は三年生の担任となりました。そのクラスにはCさんという子がいました。Cさんは以前からほとんど人前で言葉を発さなかったそうです。話したとしてもごくごく小さい声で、ほんの数語だけだったと聞いています。４月に私が担任した当初も、同じような状況でした。

　でも、Cさんは『学び合い』では「普通」に学んでいました。私には聞こえない小さな声でも、近くの友達にはちゃんと聞こえているようです。友達と楽しそうに学び合っています。初日にはCさんがみんなと一緒に学び合えるかが気になって様子をうかがっていましたが、２、３日もするとその心配は頭から離れてしまいました。それが良かったのか、悪かったのか。一学期最初の授業参観で、私は国語の授業を行い、その中で音読を行いました。その時にCさんがどのように音読したのか、実のところ全く覚えていません。でも、授業参観が終わってから、Cさんの保護者が驚いたように話しかけてくださいました。「先生、うちの子が普通に音読していたんですけれど、何があったんですか？」

　恥ずかしいことに、私は最初、保護者の言葉の意味が分かりませんでした。なぜなら、授業参観までの２週間で、Cさんが音読をすることも話をすることも「普通」になっていたからです。けれど、保護者からすれば保育園の頃から何年間も人前で話さなかった我が子が、急に授業参観で音読ができるようになったのですから、驚きでしょう。

私だけではなく、保護者も『学び合い』の効果を強く感じたのでした。

　BさんやCさんの件をきっかけに、私はある確信を得ました。それは、子供たちにとって私が「邪魔」になるということ。Bさんが何も書かなかったのも、Cさんがしゃべらなかったのも、原因は多分、私にあるのです。それが具体的に何だったのかは、残念ながら分かりません。けれど、私が一歩引いて、子供たちに任せることで2人とも事態は好転しました。それ以来、

　　○ 私がやれることには限界がある

　　○ 子供たちの力を信じて任せると、私にはできないことをやってのける

　ということを忘れないようにしています。そして、「私一人ではできない。子供たちの力を信じた方がいい」という考え方が、今の「自律的なクラスづくり」という方針へとつながっています。

## 「教室リフォーム」でオーナシップを育てる

　「教室リフォーム」という実践をご存知でしょうか。元埼玉県公立小学校教員の岩瀬直樹さん（現：一般財団法人軽井沢風越学園）が行っていた実践です。一般的には教員が指定することが多い机やロッカーの配置、掲示物の貼る位置を子供たちが決めたり、本棚の場所を変更したり、子供たちが集まれる畳やマットのスペースをつくったり。そういった活動を通して、「居心地の良い教室は自分たちでつくる」という意識、岩瀬さんの言葉を借りれば「教室のオーナッシップ」を育てることができる素敵な実践です。内容からすると「リフォーム」というより「模様替え」と言えるかもしれませんが、「リフォーム」という名称も子供たちの意欲をかき立てるのに一役買っているようです。

私はこの実践が好きで、「みんなで話し合って進めていくクラスづくり」の第一歩として、毎年４月に実践しています。教室リフォームを行うと、子供たちは本当によく考え、動きます。今まで自分たちが携われなかった教室の環境づくりを自分たち自身で行えるという高揚感と、自分の学校生活に直接関わることであるという必要感がそうさせるのでしょう。

　私が「教室リフォーム」で大切にしていることは次の３点です。

### ① みんなのための教室リフォームであることを伝える

　教室リフォームは、「教室は自分たちのものだ」という意識を具現化し、高めるためのものですが、それは「自分」が好きなように変えてよいのではありません。「みんな」が心地よく生活できることが重要です。ですから、私は、

「教室を好きなように変えていいよ」

　という言い方ではなく、

「みんなが気持ちよく生活し、よりよく学べるような場所をつくろう」

　という言い方をするようにしています。

### ② 任せる範囲を明確にする

　子供たちは、何はやってよくて何はしてはいけないのかがはっきりしている方が、のびのびと活動することができるでしょう。私の場合は基本的に、

　　(1)机の配置

　　(2)本棚の位置

　　(3)担任用の机の位置

　　(4)掲示物の種類と位置

　　(5)学習スペースや読書スペース、懇談スペースなどの種類と位置

　　(6)クラスの共用文房具や副読本の位置

　を任せていました。また、様々な条件も最初に伝えます。例えば、

火事や地震などの非常時の出入り口は開けること、担任用の机はパソコンを使う関係上電源が使えること、教員用図書の置き場や仕事用のスペースを確保することなどです。そういった条件を満たすためには、みんなで知恵を絞る必要があります。

「給食のメニューは見やすいところに貼りたいね」

「ここにペンを置いたら、しまいにくいよね」

「だったら、ここに置こうよ」

というように、「みんなで知恵を絞る」という営みが、子供たちの関係性を向上させてくれます。

### ③「失敗は成功のもと」と捉える

どんなに一生懸命に行った教室リフォームでも、実際に生活するといまいちな面も出てきます。でも、それは当たり前のこと。どんなに考えてみても、予想外の事態は起こるものですから。そんな時には、

「じゃあ、ちょっと変えてみよう!」

と明るく前向きに捉えていきます。子供たちの中には

「このアイディアを出した○○さんが悪い!」

なんて責めてしまう子もいます。失敗を悪いことだと捉えているのでしょう。悪気はないけれど、でも、つい口調が強くなってしまうのもよくある話です。自律したクラスになるまでには、数多くの失敗があるもの。

「大丈夫、大丈夫。いまいちだったことは、変えてみればいいんだよ」

と許す姿を私が率先して見せることで、「失敗は成功のもと」であることを経験的に学ぶことができれば、それが学習の面にも生かされていきます。教室リフォームについては、岩瀬直樹さんによるていねいな提案がなされています。興味のある方はぜひ、詳しく調べた上で取り組んでみてください

①

読書スペースづくり

②

何を貼るかも任せます。

③

机の配置は毎年違います。

④

できあがった読書スペースの例

⑤

読書スペースは、学習でも活用します。

⑥

担任の机の配置も任せます。

## 封建的なクラス

　私が教員になって５年目くらい、まだ『学び合い』による授業を行う前のことです。福島県では「30人程度学級」と呼ばれる制度が始まりました。国の基準では、１クラスの人数は上限40人と定められていますが、福島県ではその人数を一・二年生では上限30人、三年生以上では上限33人とし、それで増加したクラスの担任は県が講師を雇用して充てるというものです。そのため、この制度が始まる前は児童数37人のクラスを担任していたのが、次の年は24人に「激減」するという経験をしました。そこで分かったのは、37人の子供たちと行っていた授業を、24人の子供たちとやると、非常に苦しくなるということです。

　私が37人相手に行っていたのは、こんな授業でした。

　まず、授業の導入で、子供たちが「予想」を発表します。積極的に挙手をするのはクラスの２割くらい。だいたい７〜８人が手を挙げます。私に指名されて、３人程度が発表します。その後、「自力解決」の時間をとってから、自分の「意見」を発表する時間です。また手を挙げるのは最初と同じ７〜８人。その中で「予想」を発表しなかった４〜５人を順に指名し、さらにはあまり積極的ではない子の中から２〜３名を選んで発言を促します。授業の流れによっては「予想」を発表した子も追加で指名します。発表の後には、まとめの時間。「良い発言をしそうな子」を３〜４名選んで指名。大抵はすでに１回は発言している子ですが、まあ、１時間の中で２回くらい発言してもおかしくはないでしょう。これでのべ15名以上の子が発言する授業となりますから、見た目にはそれなりに「盛り上がっているように見える授業」ができあがりです。

一方、24人のクラスはそうはいきません。導入で手を挙げるのは4〜5人。このうち3名くらいが「予想」を発表します。その後の「意見」を発表する場面では、少なくても10人くらいには発言して欲しいところ。そうなると、「予想」を発表した子と同じ子を複数回指名することになります。さらには「まとめ」でも同じ子を指名しがちでした。のべ15人が発表する授業を行おうとすると、同じ子が3回も4回も発言することになります。この「同じ子が何度も発言する授業」が、私には駄目なものに感じられました。「発言していない子」が気になって仕方なくなり、さらには「授業中につまらなそうにしている子」の存在がよく分かるからです。自分としては、できるだけ多様な子を指名しようと心がけていましたし、

「全員が発表しよう」

　と求めたり、全員が参加できる場面を設けたりしているつもりでした。けれど、37人と行う授業と24人と行う授業を比べたことで、自分がいかにクラスの一部とだけ授業を行ってきたのかを痛感しました。

　そして、一部の子供と授業を進めることの大きな弊害にも気づきました。それは「授業でよく発言する子」と「発言しない子」の間に上下関係ができてしまうことです。よく指名される子や授業が滞った時に鋭い発言をして褒められる子は「特別な存在」になっていきます。特別な存在になるのは、勉強が得意か苦手かは、あまり関係ありません。以前担任したクラスで、こんなことがありました。そのクラスにはDさんというとても目立つ子がいました。普段は積極的に授業に参加するタイプではありません。何か問われても、

「別に」

　なんて答えるような子でした。でも、ある日、Dさんが授業中に手を挙げました。が、私は他の子を指名しました。すると、Dさんと仲

の良いEさんがビックリしたように私に言いました。

「先生、Dさんが手を挙げたのに、なんで指さないの？」

　後から周囲の子からも詳しく話を聞いてみると、私が担任する以前は「Dさんが手を挙げたら絶対に指名される」という不文律があったようなのです。Eさんは「Dさんが手を挙げたら必ず指名される」と思っていたので、私が指名しないことに驚いたのでした。それはきっと、Dさんの学習意欲を高めてあげたいという前担任の思いやりの行動だったのでしょう。でも、それがあまり良い結果にはなっていなかったように感じます。いわば、Dさんだけが特別扱いされ、わがままが許される状況になっていたのです。

　けれど、私だって長年、同じようなことをしていました。「いつもは発言しないあの子が挙手をしたのだから、指名してあげよう」「この子は良い発言をしそうだから、後で指名しよう」こういう考えが、子供たち側からすれば「不平等」な「えこひいき」に映っていたかもしれません。このように教室で一般的に行われている「指名」が、一歩間違えると、「担任」という権力者と数人の「特別な存在」がクラスを率いて他の子がそれに従うという、封建的なクラスの仕組みを生み出す危険性もあるのです。封建的な仕組みとは、例えば江戸時代の「将軍と大名と民衆」の関係のことです。いわば、担任が将軍、よく発言したり指名されたりする子が大名、そして他の子が民衆です。そんな大げさな！　と感じる方もいるでしょう。でも、教室リフォームを行ったり、先の章で述べたように誰が頑張っているかを子供たちが決めるようにしたりといった、「子供たちが決める」仕組みを取り入れるようにしてから、私が今まで、いかに封建的な仕組みでクラスを動かしてきたのかがよく分かり、大いに反省をしました。

# きまりで縛るか、工夫を求めるか

　封建的なクラスをやめようと思っても、最初からうまくいったわけではありません。最初は話し合いがギスギスしてしまい、
「うまく決まらないから、先生が決めてください」
　と言われてしまうこともありました。
　話し合いが滞った理由は、多分、二つです。
　一つ目は、私が失敗を許そうと思えなかったこと。
「しっかり話し合って、絶対にうまくいく方法を考えなさい」
　なんて言われたら、意見が言いにくくてたまらないでしょう。「教室リフォーム」のところでも書いた「失敗は成功のもと」を大切にした進め方は、こういった反省から生まれたものです。
　二つ目は、私が「ルール」で縛ろうとしてしまったこと。
　例えば、クラスの中で忘れ物が多いような時、以前の私は
「忘れ物を減らすにはどうしたらいいでしょうね。ルールを決めましょう」
　と求めていました。子供たちはルールを考えます。
「必ず連絡帳にメモする」
　というようなものから始まり、徐々に、
「３日連続で忘れたら、漢字１ページ」
「５日連続で忘れたら、校舎の廊下を雑巾掛け」
　というように過激な意見が出されます。忘れ物が多い子は
「俺、そんなの嫌だよ」
　と苦しくなってしまい、他の子が、
「だったら忘れなきゃいいじゃん！」
　とさらに追い討ちをかけるような話になってしまったこともありま

す。そうなると仕方なく、
「そのルールはやめた方がいいんじゃないのかな」
　と結局は私が介入するはめになっていました。子供たちに任せたつもりが、結局は私が決めている、本当に情けない状況でした。
　今では「工夫」を考えてもらうようにしています。
「忘れ物を減らすにはどうすればよいでしょうね。工夫を考えてください」
　と呼びかけてから話し合うと、前向きな意見が出やすくなるからです。
「連絡帳に書いたかどうか、隣の人が見てあげたらどう？」
「連絡帳より、手に書くといいよ」
「○○さんは忘れ物が多いから、朝、迎えに行った時に私が『□□持った？』って聞いてあげる」
　と、様々なアイディアも出てきます。中には、
「代わりに連絡帳に書いてあげる」
「忘れたら貸してあげよう」
　というちょっと教員の意図とは違う意見も出てきます。過去には、こういう時に、
「ちゃんと自分で書けることも大切ですよね」
「貸してもらっていたら、いつまでも忘れ物がなくならないんじゃないかな」
　と口出しをしたこともありましたが、今ではやめました。子供たちに任せている以上、その話し合いの結果が教員の意図通りのものでなくてもよいのです。口出しをしてしまうと「工夫を考える」のではなく、「先生の意図を考える」話し合いに流れていってしまいます。
　それに、子供たちは本当に有能です。もし、周囲に頼り過ぎている子がいたら、ちゃんとわきまえて、

「自分でも書いた方がいいよ」

　と自分でできるように誘導してあげることができるのです。

　私が子供たちに「ルール」を話し合わせていたのは、不安があった
からだと思います。

　子供たちに任せると言いつつ抱いていた「羽目を外し過ぎないで欲
しい」「本当に大丈夫だろうか」という私の不安が子供たちに伝わっ
ていたから、「必ず〜する」「しなかった罰として……」という意見が
出たのでしょう。本来は、ルールは子供たちを守るためにあるものな
のに、子供たちにルールを課すことで、私自身を守ろうという意識が
あったのでしょうね。恥ずかしい限りです。それでは子供たちがのび
のびと話し合えるはずがありません。私は、授業は好きですが、それ
以外の学級経営や仕組みづくりは苦手です。苦手な上に下手くそです。
子供たちに任せているつもりでも、こんな風に無意識のうちに邪魔し
てしまうことは今でも少なくありません。

# 第4章

# 複数時間の『学び合い』

## 集団を緩ませない！

　スタート期には、授業中もそれ以外の学校生活でも、「みんなを信じて任せるよ」というメッセージを送り続け、それに矛盾しない行動を取ることを大切にしています。それができれば、子供たちは信頼に応え、学び合ってくれます。ただ、その期間は長く続きません。『学び合い』による授業に慣れてくると、必ずといっていいほどある問題が発生します。その問題とは、授業に緊張感がなくなり、クラスが緩んだ雰囲気になることです。

　典型的なものとして、「学習が得意な子が教えなくなる」というものがあります。早く学習が終わった子がおしゃべりをしている場合もありますし、早く終わりそうなのにわざとゆっくりやっているように見える場合もあります。そのため、苦手な子が課題を達成できないのです。

　そこで私が、

「どうしてまだ課題を達成できていない人がいるのに、ちゃんと教えないんだ！　友達を見捨てるのか！」

　と叱り続けていると、子供たちから、

「先生は自分の仕事をちゃんとやっていない」

「自分が教えるのが面倒だから、私たちに押し付けているんだ！」

　と不満が出てしまいます。だからといって私が、

「全員が達成できていないけど、まあ、仕方ないよ」

　と言ってしまうと、教える子がどんどん減って、勉強な苦手な子から、

「誰も教えてくれません」

「勉強が分かりません」

と悲しい訴えが届くようになります。ここで苦手な子に私が教えるようにすると、

「先生、ここが分かりません」

「先生、教えてください」

「先生、早く来てください」

「先生！」

　と授業中に私を呼ぶ声が増え、ますます学び合えなくなっていきます。

　早ければ『学び合い』を始めた1か月後から、遅くても3か月後くらいにはこういった状況に陥りがちなため、私は「『学び合い』の3か月の壁」と呼んでいます。2016年ごろから『学び合い』の知名度がグンと上がり実践する人が増えたのですが、夏休み中にセミナーや『学び合い』の会、メールなどで、

「今年から『学び合い』を始めて、最初はものすごくいい雰囲気だったのですが、だんだんうまくいかなくなってきました。どうすればよいでしょうか」

　と相談を受けることが何度もありました。私だけでなく、多くの方が「3か月の壁」に衝突してしまうようです。

　こうなる原因の一つ目は、私の緊張感が緩むからです。4月当初は、子供たちも教員も緊張感を持って新年度をスタートするでしょう。私も、

「今度のクラスの子供たちは、『学び合い』を受け入れてくれるだろうか。保護者は納得してくれるだろうか」

　と不安です。でも、『学び合い』の理論は優秀です。本書にも書いた3つのことを語り、テストの内容と齟齬のない課題を出し、子供たちに、

「みんなならできるよ」

「次はもっとできるよ」

　と語りかけ続ければ、ある程度は形になります。初めて『学び合い』に取り組む方も、大きな本屋さんに行けば『学び合い』初期のための書籍が多数販売されていますから、その中から５〜６冊選んで全て最後まで読めば、まず失敗しないでしょう（最後まで読めば、です。買うだけではダメですよ）。でも、一学期の中頃になると、ある程度うまくスタートできたことで私の緊張が緩みます。すると同時に、子供たちも緩むのです。

　私が緩んだことは、様々な場面で露見します。思いつきで練っていない課題を出すことが増えたり、褒め言葉が減ったり、好ましくない行動を見逃したり。それを感じ取って、私が「トップランナー」と呼ぶ存在が「自分だけできればいいか」「先生に怒られない程度に学び合えばいいか」と考え始め、それを見た他の子も「あの子たちがやらないなら、私もやらないでいいや」と学ばなくなるのです。つまり、３か月の壁を生み出すのは、私自身の油断です。そうだと分かっていても、油断しない、というのはなかなか難しいもので、何度も繰り返してしまうのですけれど。

## 緩めないために、授業をレベルアップ！

　緩めないようにしよう。そう考えると、私は「厳しくする」という方法を選んでしまいがち。先に述べた「どうして教えないんだ！」というような厳しい言葉で叱ってしまうのですが、これがうまくいかないのも、すでに述べたとおりです。じゃあ、どうするのか。緊張感がなくなるから緩むのですから、新しい緊張感を生じさせればいいのです。そこで私は新しい授業にチャレンジします。

　以前は、新しいチャレンジとして、１時間１課題の『学び合い』の

次には、単元『学び合い』というものに進んでいました。でも、単元『学び合い』は難しいのです。なかなかスムーズに進めることができません。そこで、１時間１課題の『学び合い』と単元『学び合い』の間をつなぐものとして、複数時間の『学び合い』というものを始めました。

　複数時間の『学び合い』とは、二つ〜三つの課題を出し、

「これらの課題を、今日と明日の２時間で達成してください」

　と求めるものです。３時間で三つ〜四つの課題を出す時もあります。１時間１課題の『学び合い』と比べると、２時間で２課題の『学び合い』はかなり難しくなります。なぜなら、最初の１時間目は「教え役」の子がいなくなってしまうからです。ほとんどの子供は、自分の課題が終わってから友達に教えようとしますから、勉強の得意な子が二つの課題を終わらせるまでの時間、誰からも教えてもらえず、待っているだけの子が増えてしまいます。

　けれど、それ以上にメリットもあります。そうなる危険性もちゃんと説明した上で、メリットを強調し、子供たちに二つの課題を出します。

「二つの課題の『学び合い』は、今までよりも難しいものですよ。でも、その分、めちゃくちゃ賢くなれます。時間が長くなりますから、勉強の得意な人は、教えてもらうばかりじゃなく発展的な内容に取り組む時間が増えます。苦手な人は、分からなかったことは次の日にもう一度勉強するチャンスが生まれます。でも、その分、知恵とチームワークが求められるんです。教える・教えられる、という関係だけでは乗り越えられません。今まで以上に積極的に教えたり、質問をしたりしてください。すぐに教えたり聞いたりするには、予習をしておくといいですよ。そして、教える人が足りなくならないよう、もっと教える人が増えるといいですね」

　そんな話もします。

　その教科が好きでどんどん勉強を進めたり、説明したりする子を、

私は「トップランナー」と呼んでいます。ただその勉強が得意でテストの点数が高いというだけではなく、授業中に積極的に動き回る子を指しています。

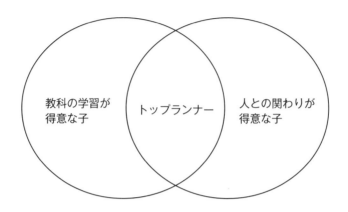

　最初はトップランナーが一生懸命に学んだり教えたりしているので『学び合い』が順調に進みますが、ちょっとずつ疲れてしまいます。人間ですから、そういう時もありますよね。でも、それが続くと、『学び合い』が停滞して緩んでしまうのです。そんな時は、他の子が活躍するチャンスです。普段はトップランナーの陰に隠れがちだけれど、本当は十分に活躍する力を秘めている子を、私は「セカンドランナー」と呼んでいます。それほど早く学習は進められないけれど、コツコツやれる子。ゆっくりだけれど、ていねいに説明してあげられる子。逆に、間違いは多いけれどアグレッシブに学ぶ子。そういう子だって、十分な力を秘めているのです。

　「早く終わった子が教える」という1時間1課題の『学び合い』では、セカンドランナーが活躍する場がありません。でも、2時間に2課題の『学び合い』ならば、

　「一緒にやろう」

　「どこが分からないの？　ここかあ。私も分からないんだよね。じゃ

あ、他の人に聞きに行こうか」

　というように、セカンドランナーが活躍する機会が増えるのです。

　実は、こういう姿は４月当初から多少なりとも存在していた可能性があります。でも、１時間１課題の『学び合い』だと、どうしても「早く終わってどんどん教える子」ばかりに目が向きがちです。複数時間の『学び合い』にすることで、私自身がセカンドランナーの素敵な姿に気づくことができるようになるのだと思っています。

　そして、そういう姿を見つけたら、どんどん褒めることが必要です。この時に心がけているのは、多様性を認める褒め方をすること。

　「学び合うって、いろいろな方法があるよね。早く終わって他の人に教えるという学び合い方もある。分からないことをどんどん人に聞くという学び合い方もある。一人で頑張ってみてどうしてもできないところを聞くという学び合い方もある。そして今日、先生が見つけたのは『一緒にやろう』『一緒に聞きにいこう』っていう学び合い方。これも素敵だね。早くできる人だけが人を助けられるわけじゃないんだなあ。誰でも誰かを助けられるんだよね」

　こんな言い方をします。やらないようにしているのが、

　「全部終わらせてから教える人よりも、一緒に勉強する人の方が偉い」
　「○○さんのように、友達を誘うことが一番大切だよ」

　というような比較する褒め方です。これは個人を褒めていてもクラス全体は褒めていません。『学び合い』の授業では、子供たちの多様な動きが必要になります。全部終わらせてから教える子が活躍する場面もありますし、誘うだけではなく、友達を見守るという支え方だってあります。

　課題をレベルアップさせるというのは、言い換えれば、私の意識をレベルアップさせるということでもあります。「全員が課題を達成するために、一丸となって教え合う」というのも『学び合い』の一面です。

そういう場面もあるでしょう。けれど、一人も見捨てられない教室とは、それだけで達成できるものではないと考えています。子供たちは多様なのですから、「見捨てられない」状態の実現もまた多様なのです。子供たちの学びを停滞させないためには、私が子供たちの多様な活動を認めなくてはなりません。複数時間の『学び合い』ならば、それがしやすくなるのです。

## 複数時間の『学び合い』のコツ

　複数時間の『学び合い』は、活動の時間を長くとることで、子供たちが多様な活動を行いやすくする、という効果があります。2時間や3時間という時間があれば、

「僕は最初の1時間で全部の課題を終わらせて、あとはどんどん教えまくろう」

「私は、1時間目は苦手な友達と一緒にゆっくり進めて、遅れた分は後から取り戻そう」

「1時間目はいまいち進まなかったから、2時間目は頑張ろう」

「1時間目でやり方が分かったから、続きは休み時間や家でやっちゃおう」

「2時間目に向けて、家で予習しておこう」

　というように、様々な学び方が可能になります。

　複数時間の『学び合い』を行う時には、「1時間目と2時間目以降につながりのある課題にすること」を大切にしています。複数の課題を出す場合にそれらがつながっていると、一つ目の課題をやっている子と二つ目の課題をやっている子の間でも学び合いやすくなるからです。

　算数を例にします。

六年生の「分数のかけ算」の単元で、次のような課題を考えたとします。

**① 教科書Ｐ〇とＰ〇の文章問題は、どうしてかけ算になるのかを図と文章を使って説明できる。**

**② 真分数×真分数はどうやって計算するのかかが分かって、Ｐ〇の問題を全てとくことができる。**

**③ と中で約分をする分数のかけ算のやり方が分かって、Ｐ〇の問題を全てとくことができる。**

**④ 仮分数や帯分数の混ざったかけ算のやり方が分かって、Ｐ〇の問題を全てとくことができる。**

　私がこの単元で、初めて複数時間の『学び合い』に取り組むとしたら、①で１時間の『学び合い』を行った後に、②～④で複数時間の『学び合い』を行います。なぜなら、①の問題は「立式」の課題であり、②～④は「計算」の課題だからです。初めてであれば、②～④のような「似た課題」を組み合わせる方がスムーズに学べるでしょう。

「似た課題」の例を、いくつか挙げておきます。

〈国語〉

・１の場面の登場人物の心情を、会話文・行動・情景描写をもとに読み取り、どんな心情からどんな心情へと変化したのかを表にまとめることができる。

・２の場面の登場人物の心情を、会話文・行動・情景描写をもとに読み取り、どんな心情からどんな心情へと変化したのかを表にまとめることができる。ただし、１の場面よりもくわしく読み取れるようにする。

・３の場面の登場人物の心情を、会話文・行動・情景描写をもとに読み取り、どんな心情からどんな心情へと変化したのかを表にまとめることができる。１と２の場面よりもくわしく読み取れるようにする。

**〈社会〉**

・見学学習で分かったことと教科書をもとに、消防署ではたらく人々が使う道具にはどんなものがあったのかを、絵と文章を使ってまとめることができる。

・見学学習で分かったことと教科書をもとに、消防署ではたらく人々が火事を減らすためにどんな活動を行っているのかを絵と文章を使ってまとめることができる。

**〈理科〉**

・夏になると、植物にはどんな変化があるのかを、3種類以上の植物を例にして、次のように説明することができる。

「夏になると、ヘチマは春とちがって（春よりも）、○○なる。」

・夏になると、動物にはどんな変化があるのかを、3種類以上の動物を例にして、次のように説明することができる。

「夏になると、カマキリは春とちがって（春よりも）、○○なる。」

・夏になると植物や動物にはどんな変化があるのか、絵と文章を使ってノートにまとめることができる。

　こういったつながりのある課題・似た課題を出すことは、一つ目の課題でやり方が分かれば二つ目の課題にもスムーズに取り組める、というメリットもあります。さらには、二つ目は学習内容をレベルアップさせられるという効果もあります。

　国語の例で言えば、授業の最初に、

「会話文・行動・情景描写をもとに読み取るとは、こういうことです。心情の変化を表にまとめるというのは、こういうことです」

　と説明すれば、二つ目の課題については何の説明もなくても取り組めます。さらには、一つ目の課題が終わった子が何人かでたら、

「いい表がかけている人を見つけて、教えてください」

　と子供たちに聞きます。そして、何人かの表を紹介します。それを

手本にして他の子は表の内容を充実させることができるのです。

　社会や理科でも、同じような授業が可能です。

「絵と文章を使ってまとめるというのは、こういうことですよ」

「春とのちがいとは、こういうことですよ」

　という説明を最初にすれば、後は「お任せ」が可能になります。この「最初に説明して、あとは任せる」という流れは、この後、単元『学び合い』へと進んでいく布石にもなります。

## 早く終わったら、何をすればいいのでしょう

　複数時間の『学び合い』を行うと、一つ目の課題が終わった子は二つ目、三つ目に進みます。では、全ての課題が終わってしまった子はどうすればよいのでしょうか。私はそういう子たちとこんな話をします。

「せっかく早く終わったんだから、次の課題に取り組むほうがいいよね。どんどん進んで、どんどん賢くなろう。でもね、気をつけて欲しいことが三つあるよ。

　一つ目は、ちゃんと復習もすること。早く進むということは、ミスをしたり、間違って覚えていたりする可能性が高くなるんだよ。だから、早く進んで早く終わった分、復習も頑張らないと、テストの時に『しまった！　間違えていた！』ということになるよ。

　二つ目は、まだ終わっていない人を助けながら、先に進むこと。友達がつまずいていたり苦労したりしている部分は、それだけ難しいところや分かりにくいところってことだよ。そこを友達に教えることで、自分の理解も深まるよ。

　困っている友達はここ（黒板の前）に立って教室全体を見るとよく分かるよ。私と一緒に探してみよう。どう？　分かるでしょう？　時々

はこうやってクラス全体を眺めてみてください。

　三つ目は、速さ比べをしているわけではない、ということ。勉強を早く終わらせられる、というのは個性の一つ。その個性をみんなのために生かしてくださいね。逆に、ゆっくり学ぶことも悪いことではないんです。ゆっくりじっくり学ぶ人もいるから、クラス全体としてはミスが減るんです。自分のペースでしっかり学んでください」

　これらの話も、次の単元『学び合い』への布石となるものです。

　一つ目の話は、学び直すことの大切さを伝えるために語ります。多くの子にとって、予習は楽しいものです。どんどん先に進みたくなります。ただ、急いで学ぶと、理解が浅かったり間違っていたりする場合も多いのです。それを避けるためには、時々立ち止まって、復習をする必要があります。進んで戻って、繰り返し学ぶことで、理解が深まっていくのです。

　二つ目の話は、教えることの有効性を伝えるために語ります。復習をしましょうと言うだけで復習をちゃんとやる子はそれほど多くありません。でも、まだ終わっていない友達に教えることで、自然と復習になります。また、こんな会話もよく聞きます。

「この問題を教えて欲しいんだけど」

「ここを読めば分かるよ」

「え？　ちょっと違うんじゃない？」

「違わないよ、ここ読めば……、あ、本当だ。違うね」

「やっぱり違うよね」

「分かった。こっちに書いてあるんだ。勘違いしてたよ」

　このように、友達からの質問によって間違いに気づくことは珍しくないのです。こういう実例をクラス全体に伝えることで、「教えることは自分にとって得だ」という価値観も広めていきます。

　三つ目の話は、多様性の大切さを伝えるために語ります。『学び合い』

を継続するためには、クラスに色々な子がいたほうがいいのです。ゆっくりと学習する子に教えることで、早く終わった子が復習するチャンスが生まれるのですし、早く終わる子がいるからゆっくりと学習する子は教えてもらうことができるのです。つまり、早く終わる子も、ゆっくり進める子も、どちらもクラスには必要なのです。でも、教室は「早く終わって教える子」にばかりスポットが当たりがち。世の中全体が、早いことや速いことが良いことで、ゆっくり遅いことは悪いこと、という価値観が強いですもんね。ですから、こういう話をすることで「どちらも必要なんだよ」と伝えています。

　このような説明は、『学び合い』の「一人も見捨てない」という考え方に基づいたものです。「一人も見捨てない」というのは「見捨てたらかわいそう」ではなく、「見捨てたら損だ」ということなのです。逆に言うと「一人も見捨てないことは、自分にとって得なのだ」とも言えます。分かっていない友達を見捨てることなく、教えようとすると自分の間違いに気づけるのだから、自分にとって得。ゆっくり学ぶ人を見捨てることなく、仲間として受け入れることで復習できるのだから、自分にとって得。友達を助けることで、今度は自分が困っている時に助けてもらえるのだから、自分にとって得。これを言葉の上だけでなく、実際に経験して学んでいく中で、子供たちに「一人も見捨てないことは自分にとって得」ということを実感しながら理解してほしいと願っています。

# 第5章
# 難しいけれど楽しい！
# 単元『学び合い』

# 単元『学び合い』に挑戦！

　私が行っている単元『学び合い』とは、単元の始まりに1単元分の課題を書いたプリント（私は「単元進行表」と呼んでいます・p.78〜79参照）を配付したら、あとは子供たちが、1時間でどこまで進めるのか、誰と学ぶのか、どこで学ぶのか、どのように学ぶのかを自分たちで考えながら学習を進めていくものです。次の時間には、続きから学習を始めます。前時の内容が分かっている子は先に進みますし、理解が不十分だと判断した子はもう一度学び直します。進み具合はバラバラですが、テストを実施する日は明示してありますから、子供たちは、そこを一応のゴールとして学習を進めていくことになります。

　私が単元『学び合い』を知ったのは、『学び合い』に出会ったばかりの頃。『学び合い』グループのブログからでした。様々なブログを巡回しながら読んでいた時に、「社会では、1単元分の課題をまとめて提示している」という内容を書いているブログに出会いました。残念なことに、どなたが書いた記事なのか覚えておらず、ブログの名前も分からないのですが、「1単元分の課題をまとめて掲示」という言葉が頭に残りました。私は当時、1時間1課題の『学び合い』に限界を感じていたのです。私の感じていた限界とは、「一人も見捨てずに、全員が課題を達成するために一丸となって学び合う授業は、ちょっと辛い」ということです。毎時間、「全員が課題を達成しなさい」と求め続けると、私も辛いのですが、それ以上に子供たちが疲弊してしまいます。今では分かることですが、毎時間必ず課題を達成する授業は、あまりよろしくないのです。子供たちが頑張っているのに全員が達成できないでいると、だんだんと課題を簡単なものにしたくなります。

　しかし、簡単な課題が続くと、一部の子にとっては退屈で暇な授業

になってしまいます。そして、そういう子は、本来は授業をリードしてくれるトップランナーになるはずの子です。そういう子がつまらないと感じていたら、他の子にも影響を及ぼし、多くの子が「『学び合い』はつまらない」と感じてしまうでしょう。ですから、『学び合い』で全員達成が毎時間続くと、最初は喜んでいた子供たちが少しずつだらけていきました。

　だからといって、課題の難度が高過ぎると、全員達成に程遠い結果となってしまいます。そんな時には、

「次に頑張りましょう」

　と励ますのですが、でも、それが何回も続くと、子供たちの意欲が下がってしまうのを感じました。簡単過ぎず、難し過ぎず、ちょうどよい課題を出し続けられればよいのですが、それがなかなかできません。このように、どんな課題を出せばいいのか、どんな出し方をすればいいのかに悩んでいた時期なので、「１単元分の課題をまとめて提示」するという方法に興味を持ったのです。必ずうまくいくと思ったわけではありません。他にも色々と考えて試していた時でしたから、「これもやってみようかな」という程度でした。

　単元『学び合い』は、最初は算数で行いました。何年も前のことですが、この最初の単元『学び合い』は大失敗だったことをよく覚えています。テストの点数も散々でした。けれど、不思議と「やめよう」とは思いませんでした。日本の中に行えているクラスがあるのに私のクラスではできていないのは、私に原因があるのだと考えました。私に原因があるのでしたら、私が改善していけばよいだけの話です。

　その時の課題の出し方は、「単元のねらい」だけを示して、

「あとは自分たちで考えてやってごらん」

　という、ちょっと乱暴すぎる授業でした。『学び合い』を十分に理解できているクラスなら、これだけで学べると思います。でも、初め

て単元『学び合い』に取り組むクラスにとっては、抽象度が高過ぎる課題でした。

　そこで、単元の学習内容を一覧にして示すようにしました。現在の「単元進行表」の原型です。その表も子供たちの声を聞きながらマイナーチェンジを重ねてきました。

　この「子供たちの声を聞く」というスタンスを、私は大切にしています。子供たちの声は一様ではありませんから、どうやってその声をまとめていくのかは非常に難しいところです。私は、こういう時、「２：６：２の法則」という考え方を使います。私だけではなく、多くの『学び合い』実践者が取り入れている考え方です。これは「パレートの法則」が基になっているものです。例えば私が、

「『学び合い』の授業をレベルアップさせたいんだけれど、単元の課題を全部最初にまとめてみんなに伝えるという形はどうかな。それだと、早い人はどんどん進められるし、苦手な人は分かるまでじっくり学習することができるよね。遅れてしまった人がいても、このクラスなら、助けてくれる人がいるでしょう。やってみませんか」

　と子供たちに相談したとします。すると、子供たちの反応は、積極的な態度の賛成派が２割、どちらでもいい中間層の子が６割、消極的な態度の反対派が２割、というようにおおよそ「２：６：２」に分かれる、そういう法則です。ここで注意すべきは、中間層の６割の動向です。６割の子たちが「どちらでもいいんだけれど、どちらかと言えば積極的」になってくれれば、私の提案を通しても大きな問題は起きません。子供たちには、

「反対していた２割の人たちは○○の点で心配って言っていたから、その不安を忘れずに、助けてあげよう」

　と伝え、反対派の子であっても「一人も見捨てない」ようにしようと伝えます。

もし逆に、中間の子供たちが「反対派」に着けば、私の提案は没です。無理には通しません。ただし、

「今の授業では○○の点でうまくいっていないから変えようと思っている人もいることは忘れずにね」

　と伝え、ここでも「一人も見捨てない」ことを確認します。

　今までのクラスでも、実際に子供たちと相談した結果「算数では単元『学び合い』をやったけれど、国語ではやらなかった」ということもありました。私は、もしクラスの子供たちの大多数が、

「『学び合い』をやめて欲しい」

　となれば、やめるつもりでいます。幸運にも、今まではそうなったことはありませんけれど。

## 単元『学び合い』は楽しい！

　私が、単元『学び合い』をやりたいのは、それがとても楽しいからです。何が楽しいのかというと、子供たちが生き生きと学ぶことと、今までに見られなかった姿が見られるようになること！　単元『学び合い』だと、子供たちが生き生きと学べる大きな要因は、

「分からないことは悪いことじゃない」

　と実感できることにあると思っています。1時間1課題の『学び合い』と単元『学び合い』の大きな違いはここにあります。1時間1課題の『学び合い』では、分からない子がいたら、

「残念だったね。次に頑張ってね」

　という話をします。責めるわけではないけれど、「課題未達成」となり、子供たちはちょっと残念な気持ちで授業を終えます。残念な気持ちが大きくなり過ぎるのは困りますが、全くなくなると、次の授業も課題未達成となるでしょうから、私のほうで残念な気持ちにさせて

# 国語学習進行表　名前（　　　　　　　　　）

| 国語 | 未来がよりよくあるために |
|---|---|

| 6時間<br>P92～99 | 社会で学習した時代の中から、自分が住んでみたい時代を選んで、なぜその時代が良いのか意見文を書きましょう。「社会」と「国語」を合体させて、2倍頭の良くなる学習です。 |
|---|---|

| 勉強した日 | めあてとポイント |
|---|---|
| | 1　自分の住んでみたい時代を決める。<br>　　多くの人と意見を聞き合って、考えを深める。 |
| | 2　意見文の組み立てを考える。<br>　　・P96をよく読んで |
| | 3　意見文を書く。 |

争いのない縄文時代　　　高橋　尚幸

**①自分の意見**

もし、過去の時代に住むのなら、私は縄文時代が良い。縄文時代に住むことができたら、私は幸せだと思う。

**②根拠**

縄文時代には人々は動物や植物を採取して生活していた。社会の教科書九ページによるとかつおやまぐろといった魚や、やまぶどうやどんぐりなどの植物、野うさぎやかもなどの動物を食べていたそうだ。これらを食べていた縄文人は、争うことがなかったのは、争いが始まったのは弥生時代から、米作りが始まり、食料や水をうばい合って争いが起こるようになったのだ。弥生時代やその後の時代と比べると、縄文時代はみんなが力を合わせて生活していたのだと言えるだろう。

**③予想される反論とそれに対する考え**

ただ、縄文時代は、道具も発達していなくて、不便だったと考える人もいるだろう。たしかに、縄文時代は石器や土器しかなかった。そんな生活は苦労もあっただろう。しかし、不便な生活は不幸なわけではない。私はキャンプが好きで、よくキャンプに出かける。キャンプは不便な生活を楽しむためのものだ。私の他にもキャンプが好きな人は多いだろう。人と不便な中でも、自然の中で生活することで安らぎや活力を得ることができるのだ。

**④自分の意見と、まとめ**

私は争いのない縄文時代に住んでみたい。剣や銃のない土器や石器だけの時代の方が幸せだと思う。

| | 4　意見文を読み合う。（感想を、ふせんに書いてわたす。） |
|---|---|
| | 5　まとめのプリント |

テスト予定→9月15日

六年生国語科の単元進行表（平成28年度）

## 算数学習進行表 1　　　名前（　　　　　　　　　）

| 算数 | 分数のかけ算を考えよう |
|---|---|
| 8時間<br>P44〜56 | 分数×整数の計算はもう勉強していますね。次は、分数×分数の学習です。 |
| 勉強した日 | めあてとポイント |
| | 1　小数のかけ算をふり返ろう |
| | 2　◎どうして分数×分数の式になるのか説明できる。(p45・46)<br>・図や表を使って，式の立て方を説明しましょう。 |
| | 3　◎分数×分数の計算のやり方を説明できる。(P47)<br>・分数と分数のかけ算は「分母×分母、分子×分子」をやります。やり方を覚えましょう。<br>・どうして「分母×分母、分子×分子」になるのか、教科書を参考に説明しましょう。 |
| | 4　◎分数×分数の約分ができる。(P48・49)<br>・途中で約分するやり方を覚えましょう。<br>・3人以上に説明しましょう。 |
| | 5　◎色々な分数×分数の計算ができる。(P49)<br>・整数×分数や、帯分数×分数も「仮分数×分数」に直して計算できるようになりましょう。 |
| | 6　◎かけ算なのに答えが小さくなる場合がどんな時か、<u>計算をしなくても見破れることができる。</u>(P50)<br>・積がかけられる数より小さくなるのはどんなときか、調べましょう。 |
| | 7　◎面積や体積、計算のきまりの問題も分数で計算できる。(P51・52・53)<br>・教科書では「確かめましょう」となっていますが、確かめるのはちょっと難しい。まずは問題を解けるようになってから、「なぜそうなるのか」を考えましょう。 |
| | 8　「逆数」とは何か説明できる。(P54)<br>・「逆数」とは，かけると□になる数です。<br>・逆数を簡単に見つけるにはどうすればいいでしょう。 |
| | 9　力をつけるもんだい　しあげ（P55・56） |

六年生算数科の単元進行表（令和元年度）

いる、という側面もあります。でも、単元『学び合い』ならば、

「次の時間までにやれることをやればいいんだよ」

　と言えます。そして、実際に休み時間や放課後に頑張る子がいます。その時間に分からなくても、「課題未達成」とはならないのです。

「分からないことは、悪いことじゃないよ」

　口でそう言うのは簡単ですが、実際の授業では、前時に分からないことがあると、次時の内容が余計に分からなくなってしまうこともよくあるでしょう。だからといって、全体が次の学習をしている中では、学び直すことは簡単ではありません。でも、単元『学び合い』なら難しくありません。前時の学習をもう一度やり直すことができます。

「分からないことは悪いことじゃないよ。分からないことをそのままにしてしまうことはよくないけれど、そこでもう一度やってみればいいじゃないか」

　そんな話をよくします。

　けれども、単元『学び合い』を始めた当初は、懸念が二つありました。

　一つ目の懸念は、前時の学習をやり直していたら、時間が足りなくなり単元の学習が全て終わらなくなってしまうのではないか、ということです。分かるまでやり直せるのは良いところですが、何度も学び直していたらそこに時間がかかりすぎて、その単元の最後には学習すべき内容が終わらない子が出てしまうのではないかと心配しました。

　でも、これは、ほとんどの場合、大丈夫でした。学習が苦手な子は、少しでもつまずいてしまうと、そこで学習が止まってしまうことはよくありますが、それが解決すると一気に学習が進むのです。

　こんな場面を見たことがあります。三年生の算数で「あまりのある割り算」の学習をしている時でした。Fさんが Gさんに商の立て方を説明していますが、Gさんは納得がいかないようです。

「27 ÷ 6の商は、何で4がたつの？」

「6 の段に 27 になるものは、ないでしょう？だから、一番近いものにするんだよ」

「なんで、近いものにするの？　ぴったりなのがなきゃ、できないじゃん」

「ぴったりなのがないから、近いものにするんだよ」

「分からない。もうちょっと教えて」

「だからね、……」

　こんな会話を繰り広げています。F さんは図をかいたり、具体物を使ったりして一生懸命に説明していますが、G さんは納得しません。私は、一切口出しをしませんでした。というより、できませんでした。私が説明すれば、G さんは、

「分かりました」

と言うかもしれません。でも、それが本当に分かって言っているのかどうか、あやしいものです。教師相手に、

「先生の説明はさっぱり分かりません。もう少し分かりやすく説明できないんですか」

　と言える子はごく稀でしょうから。それに、F さん以上の説明が、私にできるとも思いませんでした。何度も様子を見ていましたが、この日は、G さんは分からないままでした。

　次の日の算数の時間、私は G さんの様子が気になって、また見てみました。すると、G さんは何事もなかったようにあまりのあるわり算ができています。しかも、スラスラとできています。前日の悩みが嘘のようでした。その後は、どんどん学習が進み、予定の時間よりも早く単元の課題を終わらせることができました。

　こういったケースは少なくありません。その学習が苦手な子ほど、単元の導入には手こずります。でも、最初のハードルを越えると、次々と学習が進むのです。もちろん、必ずしもそうならない場合はありま

す。最初に手こずって、最後は時間が少なくなり、駆け足になってし
まうこともあります。でも、１時間に１課題の学習で、最初の時間か
ら学習についてこられず、あとの時間はずっとお客さんのような状態
で過ごしている場合と比べたら、どちらの方が、力が付くでしょうか。
私は、納得できるまで学習できる方が、その子のためになるのではな
いかと考えています。

　二つ目の懸念は、単元『学び合い』を行い、さらには予習をやる子
が増えてくると、子供たちが学習している内容がバラバラになること
でした。異なる学習をしている子同士が学び合うことは難しいのでは
ないかと思ったからです。例えば、国語の「書くこと」の時間。文章
の構成を考えている子と作文を書いている子が、学び合うことができ
るのかどうか、不安でした。構成を考えている子が焦って先に進まな
くてはいけないと思ってしまうかもしれませんし、作文を書いている
子の邪魔になってしまうかもしれません。遅れた子が誰にも関われず
に困ってしまうかもしれません。そういう不安です。

　これは一部ではそういう姿が見られました。そこで考えたのが、前
章で書いた「複数時間の『学び合い』」です。けれど、子供たちはす
ぐに、違う内容を学んでいても「普通」に学び合えるようになります。
国語の時間には、作文を書いている子が友達に構成のことを聞かれて
も、何事もなかったかのように答えられるようになりますし、算数の
時間には、計算問題をやっている子と文章問題をやっている子が机を
並べ、お互いに質問し合いながら学ぶようにもなります。

　最初は不思議でしたが、この光景を見ているうちに、自然なことに
思えてきました。私たちだって、職員室で仕事をしている時、バラバ
ラの仕事をしていても、助け合っていますよね。私が教材研究をして
いる横で、学年通信を書いている同僚がいるのは普通のことです。そ
して、

「高橋さん、来月の行事予定のことで教えて欲しいんだけど」
　と聞かれた時に、
「私は教材研究をしているので、学年通信に関する質問には答えられません」
　なんて言うことはありません。問題なく答えられます。子供たちも同じなのです。自分がやっていることとは違う質問も、問題なく答えられます。この「違うことをやっていても学び合える」という実感が、のちに「流動型『学び合い』の授業につながっていきました。
　一方で、単元『学び合い』には難しさもあります。
　別々の学習をしているので、自分から教えに行ったり聞きに行ったりする行動が求められます。これが出来るには、子供たちが多様なつながりを結べている必要があります。多様なつながりを結ぶためには、いわゆる「仲良しグループ」の壁を越えてつながれる子が重要です。つまり、
「ちょっとあっちのグループに聞いてくるね」
　と聞きに行ったり、
「ねえ、こっちのグループに混ぜてよ」
　と移動したりできる子です。また、一人の子がいたら、
「一緒にやろう」
　と誘える子もいて欲しいですね。誰とでもつながれる子というのは、少ないものだと思います。仲良しの子と一緒にいたり、いつものペアやトリオで活動したりする子が多数派です。でも、その壁を越えられる子が数名いると、学級のグループが固定化しません。全員ができなくてもいいのですが、でも、数名は必要です。
　また、単元『学び合い』は、1時間1課題の『学び合い』では暇になってしまうような理解が早く正確な子のための授業という側面もあります。そういう理解力の高い子は、1時間1課題の『学び合い』で

は「友達のために」勉強をしています。自分は十分に理解できていることを、どうやって友達に伝えようかと苦心します。それは、「一人も見捨てないことは、自分にとって得だ」という『学び合い』の考え方に基づいたものです。教えれば自分の理解も深まりますし、友達にも感謝されて嬉しくもなります。

でも、理解力の高い子は、ずっと教えているだけで満足でしょうか。教えることは得なこと。それは分かっていても、多少損をしてもいいから、自分の力を思いっきり発揮したくなるのが人情ではないでしょうか。

私だって、職員室で「同僚を助けることは、自分にとって得なこと」と考え、苦手な同僚のために、メールにファイルを添付して送信する方法を教えたり、教材研究を手伝ったりします。忙しくて手が回らない同僚のために、代わりに書類をつくったことも何度もあります。その分、私が苦手な備品の管理やきめ細やかな保護者対応という面では、たくさん助けてもらえますから、まさに「情けは人のためならず」。助けることは、自分にとって得なことだと実感しています。でも、時には自分が好きな仕事を思いっきりやりたくなります。私の場合は、授業の準備です。今までとはちょっと違う授業を考え、教材の準備をするのが、私にとって楽しい仕事です。こういう仕事は全て家庭でやって、職員室では人を助けてばかりいたら、私はきっと職員室が楽しくなくなるでしょう。

子供たちだって同じだと思うのです。トップランナーも、予習は全て家でやって、教室では人を助けてばかりいたら、多分、学校が楽しくなくなるでしょう。

それを避けるために、子供たちに時間の管理を任せたいのです。トップランナーが、思いっきり自分が好きな学習をする時間を取りつつ、時には仲間のために心をこめて教える時間もつくって欲しい。そのた

めのタイム・マネジメントを行えるのが、単元『学び合い』の大きな
大きな魅力です。

　と言いつつ、先にも述べたように、最初の単元『学び合い』は大失
敗でした。その後も、うまくいく単元もあれば、いまいちな単元もあ
り、なかなか安定して実践できずにいました。楽しいけれど、難しい。
それが正直なところです。

## 「降り積もる」という考え方

　最初は失敗した単元『学び合い』ですが、あるヒントを得たことで、
それまでよりは安定的に進められるようになりました。それは、「学
びが雪のように降り積もる」という言葉です。

　この言葉は、前述の坂内智之さんに教えてもらった言葉です。一度
だけの学びは残らない。雪が降り積もるように、翌日も、その翌日も
学ぶことで、だんだんと「降り積もって」いく。そういう意味だと、
私は解釈しました。この言葉のおかげで、子供たちの学びが少しずつ
層を成して高まっていくイメージを持つことができました。さらに、
「雪」という表現も素敵だなと感じました。雪ですから、一度学んで
もしばらく放っておいたら、溶けてなくなってしまいます。毎日繰り
返すことが大切。そんなことも感じました。また、子供によって、溶
けやすさも異なりそうです。初冬の雪がすぐに溶けてしまうように、
学んだことをすぐに忘れてしまう子もいるでしょう。そういう子がい
ても、あきらめずに続けることができれば、学びが降り積もっていく
のだと思えるようになりました。この「降り積もる」イメージで単元
を組み立てていくことで、

　「あきらめず、あせらず、みんなと一緒に続けていこう」

　と心から語れるようにもなりました。

この「降り積もる」という考え方を具現化したのが、「繰り返し」のある課題です。「繰り返し」については第４章でも触れましたが、単元『学び合い』では、これをもっと徹底します。

例えば、私が三年生国語の「書くこと」で行った授業を例に説明します。絵や地図をもとに物語文を書く単元において、「降り積もる」イメージをもとに、三つの作品を書けるように単元を組み立てました。

この単元は、教科書では、「１枚の地図をもとに、物語文を書く」という活動が設定されています。

①地図をもとに、出来事や登場人物の人物像を想像する。（取材）

②出来事の順序を整理する。（構成）

③物語文を書く。（叙述）

④見直す。（校正）

⑤作品を読み合う。（交流）

というのが、教科書で想定されている流れです。私は、繰り返しを生むために、地図の他にあと２種類の絵を用意し、次のような流れを子供たちに示しました。

①３種類の中から、最初に使う地図か絵を選ぶ。

②選んだ地図や絵をもとに、出来事や登場人物の人物像を想像する。（取材）

③出来事の順序を整理する。（構成）

④物語文を書く。（叙述）

⑤友達と作品を読み合い、感想の交流をする。間違いがあったら見直す。（校正・交流）

⑥地図や絵を選ぶ。

⑦２回目の取材・構成・叙述・校正・交流を行う。

⑧残りの地図や絵で、３回目を行う。

これによって、最大３回、子供たちは物語文を書くことができまし

た。中には、じっくり時間をかけて、一つしか書かなかった子もいます。私はそれでもよいと考えています。一人一人学びのペースは異なりますから。でも、クラスのほとんどが、複数の作品を書くことができました。

　長い作品を書くことが苦手な子は、短い作品を一つ書いたら、２作品目、３作品目に進めるため、喜んで書いていました。書くことが本当に苦手な子は、一生懸命書こうとしていても、物語らしい物語はなかなか書けません。登場人物の行動を２〜３個書いたら終わってしまった子が数名いました。そういう子でも、１作品目を書き終えた後で、「次は会話文を使ってみたら？」や「段落に分けるといいよ」という助言をもらえるので、少しずつ物語が上達していきました。

　また、書くことが得意な子は、私の想定を超えていくものです。私は３種類の絵や地図を使って３回書くことを想定していましたが、ある子が、

「次も同じ絵で物語を書いていいですか？」

　と質問してきました。その子は、同じ絵を題材としながら、ストーリーも登場人物も異なる作品を書きました。さらには、絵からちょっと離れ、最初に書いた物語の続編を書く子もいました。自分が想定していたことの上をいく学習を子供たちがやってくれることは、教員としての大きな喜びですよね。

　算数科でも、繰り返しのある学びは有効です。例えば、三年生の算数「□を使って場面を式に表そう」という単元。この単元は簡単に言ってしまえば、問題文を読んで□を使って式を立てる単元です。この単元は次のような流れで行いました。

１問題文を読み、①絵や図　②線分図　③式　④言葉による説明　の４つをかく。（たし算）

２問題文を読み、①絵や図　②線分図　③式　④言葉による説明　の４つ

をかく。（ひき算）

③問題文を読み、①絵や図 ②線分図 ③式 ④言葉による説明 の４つ
をかく。（かけ算）

　比較的簡単に図や式がかける「たし算」の問題で、問題文を絵や図
に表すとはどういうことか、線分図とはどんなものか、式や言葉で説
明するとはどんなことか、という手がかりをつかむことができれば、
その後のひき算やかけ算の学習では、「前の問題とどこが違うのか」
を考えながら学習を進めることができます。

　こういう「繰り返し」は、私の専売特許ではありません。教科書自
体が、繰り返しを意識してつくられています。また、いわゆる一斉指
導の授業でも、繰り返しを意識して指導している方は大勢いらっしゃ
ることと思います。私自身も、坂内さんの言葉に加えて、以前一緒に
働いた先輩から教えてもらった「単元内で布石を打っておく」という
考え方も、大いに参考にしています。布石を打つとは、

「最初に『この単元では会話文と段落に分けることを大切にしよう』
と強調しておくことが、後から役に立ちそうだな」

「ひき算の問題を解いている時に『前とどこが違うかよく考えてやろ
う』と伝えておくと、かけ算の時には自分で『前とどこが違うのかな』
と考える子が出てくるだろうな」

　と考えて行動しておくことです。必ずしもそうはならない場合もあ
りますが、そこそこ機能します。余談ですが、私はこういう「そこそ
こ」を大切にしています。100％必ずうまくいくことなんてないかも
しれません。でも、そこそこうまくいくことならあります。それを積
み重ねていくことで、授業が「まあまあ」うまくいくのです。

　こういった繰り返しのある単元構成の長所は、子供たちが安心して
学べることにあります。単元を任せて「自分たちで考えて学習を進め
ていいよ」と言われると、新しい学び方にワクワクする子もいる一方

で、先が見えない不安を感じてしまう子もいるようです。でも、何度も繰り返していくうちに、「何をどれくらいやれればいいのか」が見えてきます。その経験が、安心感につながります。それによって、苦手な子もゆっくりじっくり学べますし、得意な子は私の指示を超えて、新たなアイディアに挑戦できるのです。

　もう一つの長所は、説明の時間を大幅に削れることです。教員の説明は短ければ短い方がよいと、私は考えています。説明が長いと、子供たちが学び合う時間が短くなってしまうからです。1時間1課題の『学び合い』の場合は、目標は3分以内、長くても5分程度で最初の説明を終わらせ、残りの時間は子供たちに任せるようにしていました。任せる時間が短いと、教える時間も相談する時間もなくなり、課題の達成率が大きく下がります。児童の充実感も下がり、意欲も下がり、『学び合い』への支持率も下がります。「説明の時間が短く、任せる時間が長い」というのは、本当に重要なことです。説明時間を短くするためには、伝えたいことの要点を絞っておく必要があります。それが分かりやすさにつながりますし、「教員がしっかり準備しているし、授業を大切にしている」というメッセージにもなります。『学び合い』は教員の手抜きだ。そんな風に子供たちに思われてしまわないように、伝えるための工夫は怠りません。また、任せる時間の長さは、子供たちへの信頼の証だと思っています。子供たちには力がある。そう思っているので、私がしゃべる時間を削って、子供たちが学ぶ時間を増やしたいのです。

　でも、ちょっと難しい学習内容の時や、課題のレベルを上げた時には、3分や5分で説明するのが困難な場合もあります。説明が長すぎると子供たちは聞かなくなってしまいますが、足りなくても困ります。「何がどれくらいできればいいのか」が伝わらないと、トップランナーが走ってくれないからです。不足なく説明しようとすると、10分く

らいかかってしまうことも少なくありません。でも、単元『学び合い』ならば、最初に10分説明し、あとの時間をほぼ任せられます。5時間の単元であれば、1単位時間あたり2分の計算になります。子供たちが学び合う時間を十分に確保する上でも、単元『学び合い』と繰り返しのある課題設定は、非常に有効だと感じています。

## 前単元との繰り返し

　単元の中で繰り返す『学び合い』の他に、以前の単元の学習内容を繰り返す『学び合い』もあります。これは、高学年を担任した時に、特に意識していました。

　例えば、六年生の社会科。社会科の授業についての悩みとして、「教えることがたくさんあって、子供たちが調べるだけでは、必要なことが抜け落ちてしまう」という声をよく聞きます。でも、繰り返しのある授業を意識すれば、この問題の解決は、それほど難しくありません。

　歴史の学習は、最初に「縄文時代」から始まります。六年生で初めて担任したクラスであれば、最初は1時間1課題の『学び合い』。私は、縄文時代の学習で、次のような視点で課題を出しました。

　**縄文時代について、次の点について調べる。調べたら、3人以上に見せる。間違いがなければ、サインをもらう。間違いがあれば、教科書や資料を使って、正しい答えを調べる。**
**①年代（何年前）　②場所（有名な遺跡の場所と名前）　③人（どう呼ばれていたのか）　④食べ物　⑤建物　⑥道具　⑦その他、気づいたこと　⑧この時代の特徴をまとめると？**

　子供たちは、教科書や資料を見ながら、調べ学習を進めて行きます。
「縄文時代は、約1万5,000年前から、約2,300年前だって。」
「場所は、青森県の三内丸山遺跡が有名なんだね。」

「地図もかいておこう」

「縄文時代の人は、縄文人っていうの？」

「食べ物は、ここに書いてあるよ」

　こんな感じで学習は進んでいきました。

　これと同じような課題を、「弥生時代」でも行います。

　**弥生時代について、次の点について調べる。調べたら、３人以上に見せる。間違いがなければ、サインをもらう。間違いがあれば、教科書や資料を使って、正しい答えを調べる。**

**①年代（何年前）②場所（有名な遺跡の場所と名前）③人（どう呼ばれていたのか）　④食べ物　⑤建物　⑥道具　⑦その他、気づいたこと　⑧この時代の特徴をまとめると？**

　このように、ほぼ同じ課題で調べることができます。これは、古墳時代でも平安時代でも、その後の時代でも同様です。「基本的にこれだけは調べてくださいね」というものを示しておけば、子供たちは次の単元に進んでも、「勝手に」調べることができるようになります。ですから、私が説明する時間はだんだん必要なくなっていくのです。けれど、なかなかゼロにはできていません。

「この時代は、前の時代とどこが違うのかもまとめましょう」

「この時代からは、『人』のところは、有名な人物とその人物がなぜ有名になったのかを調べてください」

　というように、微調整をするからです。ここは私がずっと悩んでいるところでもあります。こんな微調整を私がしなくても、子供たちは十分に学ぶことができるだろうと思ってもいます。でも、これをしなかった時は「テストの点数」が下がってしまいます。原因は、テストでどんなことが問われるかを、子供たちは知らないからでしょう。多くの公立小学校で市販のワークテストを使用している現状には否定的な意見も聞きます。でも私自身は、第三者が作ったテストを使用する

ことは、自分の授業の是非を問うという面では良いことだと思っています。子供たちの興味に任せて授業が進んでいくと、子供たちは生き生きと学びますし、まとめのノートやレポートは非常に充実しています。それがテストの内容と一致しているとは限りません。

「授業をちゃんとやれば、ワークテストくらい誰でもできる」とは私は思いません。私はテストの結果にこだわった指導をしていますが、ワークテストで点数が取れる指導と、全国学力学習状況調査で点数が取れる指導と、他の教材会社等が作成している学力テストで点数が取れる指導は別のものだと思っています。それは、大学入試用の受験勉強において、私が入学した地方国立大学に入る程度のセンター試験向けの勉強と、私の友人が行っていた難関私立大学向けの勉強とでは、参考書も問題集も模試も違うものだったのと似ています。受けるテストが違えば、点数を取るための学習内容は異なってくる。それが私の考えです。ですから、単元の最後にテストを行うのであれば、それに向けた微調整は必要だと思っています。逆に言えば、前単元から繰り返す『学び合い』では、微調整さえすれば、ほとんどの時間を子供たちに任せることができるのです。

　以前、私の授業を丸１日参観してくださったＮＰＯ法人授業づくりネットワークの理事長である石川晋さんが、参観記に「高橋さんは『はい、はじめようね』くらいしかしゃべらないのです」と書いてくださいましたが、それが可能なのは、今までの単元で伝えるべきことを伝えているからです。

　単元内で繰り返す『学び合い』でも、前単元から繰り返す『学び合い』でも、気をつけていることがあります。それは、同じ内容を繰り返すだけではなく、変化をつけるということです。TOSS 代表の向山洋一氏が「授業の原則」の一つとして「変化のある繰り返し」を挙げていらっしゃいますが、そこから着想を得たことです。

繰り返しは慣れを生みますが、時には、飽きにつながります。飽きは手抜きにつながり、手抜きは集団のパフォーマンスを下げます。『学び合い』による授業は集団の力を可能な限り生かす授業ですから、そうなるとどんどん点数も下がるし、子供同士の関係性も悪化していきます。

　それを避けるために、変化を付けます。それが「もっと！」です。一時期、この「もっと！」を私の授業のテーマにしていたくらい、大切にしています。課題を出す時に「前の単元よりももっと○○しよう」という話をしたり、

「もっと詳しく調べてみよう！」

「もっと工夫して書いてみよう！」

「もっとできそうだね！」

　こんなふうに子供たちに声をかけたりしています。この「もっと！」の言葉かけが、「今まではダメだった。もっとしっかりやりなさい」では、子供たちの意欲がなえてしまいます。「今までもよくできていたね。だから、もっとやってみよう！」という気持ちで伝えるようにしています。

　もう一つ気を付けているのは、「もっと！」を求める対象が、いつも同じ子にならないようにすることです。授業をしていると、どうしても「できていない子」に目が向きがち。その「できていない子」は、クラスの限られた数名である場合も少なくありません。そういう子にばかり「もっと！」「もっと！」と求めるのは、子供にとっては叱責されているのと同様です。どんなに和やかに明るく伝えているつもりでも「もっとちゃんとやりなさい」という言葉に聞こえるでしょうし、それを見ている周囲の子は「できていないのはあの子たちだけなんだ。自分はこのままでいいんだ」と思ってしまうでしょう。だから、「もっと！」を求めるのは、クラス全体に対してなのです。

# 分からないことは悪いことじゃないよ

　クラス全体に「もっと！」を求めるために、私は全員にとって難しいレベルの課題を出すようにしています。例えば、六年生の理科。「大地のつくり」の単元で、次のような課題を出しました。

　**ＡからＨの物が、火山のはたらきでできたものか、水のはたらきでできたものか、見分けることができる。**

　ＡからＨの物とは、泥岩、砂岩、礫岩、化石を含む層、火山灰３種、溶岩の合計８種です。これらを観察し、火山由来のものか、水のはたらき由来のものかを見分けます。これは、学習指導要領や教科書の内容よりちょっと難しい内容です。泥岩、砂岩、礫岩という名前だけなら、理科が得意な子なら、教科書を見たり、参考書を読んだりして分かっています。

　でも、それを見分けるとなるとちょっと難しくなります。火山灰も教科書に載っている写真に近いものだけではなく、分かりにくいものも用意しました。しかも、勤務地で採用している教科書には、火山灰と溶岩は簡単に紹介されているだけですから、パッと見で全てを見分けられた子はいませんでした。こういう授業では、普段はあまり友達と関わる必要のない「教科の学習は得意」だけれど、人との関わりが得意ではない子の動きが変わります。

　普段は、「教科の学習が得意」でかつ「人との関わりも得意」な子が授業をリードします。「トップランナー」と呼ぶ存在です。教科の学習は得意だけれどあまり人とは関わらない子は、トップランナーにはなりません。教科の学習が得意な子は、友達に質問する必要性が薄いからです。聞かれれば答える、という程度の子が多いと感じます。どんどん友達に教えようとする力と、教科の学習の得手不得手は

ちょっと異なるのでしょう。

　でも、教科の得意な子が「分からない」となると、友達に聞く必要性が高まります。この授業では、いつもは一人で考えていることが多い「教科の学習は得意だけれど、人との関わりが得意ではない」HさんとIさんで相談していました。でも、正解の確証が得られません。私からもノーヒントです。そのうち、「教科の学習も人と関わることも得意」なJさんに話しかけました。HさんとIさんは、普段はJさんに話しかけることはほとんどありません。でも、必要性があればちゃんと聞くのです。3人で相談しているうちに、徐々に正解の確証が得られたようです。その考えを聞いて、「人との関わりが得意」な複数の子が、

「火山灰はどうやら3つあるらしいよ」

「これは色が教科書に載っているのとは違うけれど、泥岩なんだって。ポイントは粒の小ささだって」

　というように、クラス中にどんどん広めてくれました。その中で分からないことがあった子が、最初の「教科の学習が得意だけれど、人との関わりが得意ではない」HさんとIさんに質問にきました。その質問の答えを他の子が広めたり、補足したり、誤解する子がいたり、それを訂正する子がいたり。そうやって学びがどんどん乱反射し、私がどんなに目を凝らしても、分析不可能なほど広がっていきました。この状態になると、誰がトップランナーか分からなくなります。『学び合い』が成熟すると、いわゆる「上位」や「下位」という分け方が意味をなさなくなるのです。

　ちなみに、この授業は2クラスでやりましたが、どちらのクラスも「正解率」は9割くらいでした。

「じゃあ、ダメじゃないか。『学び合い』は『みんなができる』を目指すのだろう」

と感じる方もいるかもしれません。でも、私はそうは思いません。全員達成が困難なレベルの課題を出すことの方が大切だと思っています。全員ができて当たり前。そういう学習ばかりしていたら、分からないこと＝悪いこと、と子供たちが誤解してしまうでしょう。分からないことは悪いことではありません。私だって、分からないことだらけです。「教科の学習が得意な子」だって「分からない」「これ、教えてよ」と言える授業をすることによって、「分からない」と言えることが普通になっていきます。だから、私は、全員達成が困難なレベルの課題を出すことも大切にしています。この授業も「９割も当たってしまった」という感覚でした。

## 単元「計画」表をやめて、<br>単元「進行」表にしました

　過去に何度か、「子供たちが単元『計画』表を作成し、それに基づいて学習を進める」という実践に取り組んだことがあります。でも、それはやめてしまいました。私が考えていた計画とは「どんな内容を、何時間かけて学び、学習の成果をどうやって示すのか」を子供たちが事前に決めておくことでした。これを決めてから単元『学び合い』を行ってみたところ、私の目には、非常に窮屈な学びに映りました。子供たちからは、

「これって計画通りにやらなきゃいけないんですか？」

「計画を変えてもいいですか？」

　という声がたくさん上がりました。うまく機能しないので、今では「事前の計画立案」は全く行っていません。

　これは私の「行き当たりばったりが好きな性格」も影響しているとは思いますが、一方で、私たちの仕事の仕方を考えれば、自然なこと

かもしれません。私の場合、仕事をする時にはやるべき仕事を整理し、「To Do リスト」の作成を行います。長期的なリストはウェブクラウドを利用した「カレンダー」に入力します。PC でもスマホでもタブレットでも同じものが見られるのが便利です。それを見ながら、数日以内にやらなければならない仕事を付箋紙に書いて、机上の PC に貼り付けるようにしています。それが全てなくなれば、残業をすることなく帰ることが可能です。

　もし、校長先生から、

「月曜日の最初に、どんな仕事を、何時間かけて行い、どのような成果を上げるのかを計画してから仕事をしなさい」

　と言われたら、窮屈でたまりません。「計画を立てる」こと自体が、余計な仕事として増えることにもなります。しかも、週の最初に立てた計画なんて、後からどんどん変更になることは目に見えています。新しい仕事が舞い込んできたり、前日の仕事が予定通り進まなかったり、逆に早めに終わったりしたら、その後の計画は全て変更し、立て直しです。こんな面倒な仕事の仕方は、私は絶対に御免被りたいところです。

　このように、「子供たちの学習を、自分の仕事に置き換えたらどうなるだろう」と考えてみることを、私は大切にしています。それによって、その学習行為が本当に必要なものかどうか考えることができるからです。大人が面倒で嫌なことは、子供たちも同様かもしれません。

「大人と子供は違う」

　という意見もあるでしょうし、そういう場面も絶対にないとは言い切れません。でも、ちょっと立ち止まって考えるきかっけとして、自分の仕事に置き換えて考えることは、私には欠かせない視点です。その視点から見ると、「事前に細かく計画を立てること」は、私にとっては不要なことであり、うまく機能させることができませんし、それ

を授業で行うことは無理でした。そもそも、計画を立てさせてみようという発想自体、私が考えたことでもなく、子供たちから声が上がったわけでもなく、他の方から、

「単元全体を任せるなら、計画を立てる必要があるのではないか」

　と言われたことがきっかけでしたので、必要感も薄かったのですけれど。

　こういう経緯もあり、私は「単元『進行』表」という名称を使っています。「この単元はこんな風に進んでいくよ」という大枠を示す、というイメージです。「単元『概要』表」や「単元『目標一覧』表」など他の名称も考えたのですが、小難しいのでやめました。名前なんて、なんでもよいというのが本音です。

## 単元テストは「分布」で見る

　私は単元『学び合い』を行う時にも、「ワークテスト」を重視しています。

　テストを重視、と言っても、点数自体に大きな価値を見出しているわけではありません。私が授業の中で大切にしていることの一つが、豊かな関係性が醸成されることです。一般的に、関係づくりや学級づくりを志向する教員の多くは、単元ごとに行われるワークテストは邪魔だと感じている方が多い印象があります。

「テストによって子供たちのやる気が失われていく。点数で人は測れない」

「評価の目で子供たちを見るべきではない」

　という発言を聞いたこともあります。

　一方、深い学びや教科の本質を伝えることを旨とする教員は、ワークテストの内容が気に入らないのかもしれません。

「こんなに簡単な問題じゃ、子供たちが本当に理解しているのかどうかは分からない」

「ワークテストを使っているような教員はダメだ。小学校でもテストを自作すべきだ」

そんな声を聞いたこともあります。

どちらも一理あるように感じます。それでも、私がワークテストを重視するのは三つの理由からです。

一つ目は、ワークテストは年間に何度も実施されるので、目標設定と評価の繰り返しが可能だからです。次のテストがすぐにあるので、子供たちに、

「次に向かって、何をどう変えますか？」

と問うことができます。子供たちは、次のテストに向けて何をどう学ぶのかを考えられますから、学びの主体がどんどん子供たちに移っていきます。過去に、市の予算で年に一度実施される「学力テスト」の点数を重視して授業を組み立ててみたことがあります。そうすると、その学力テストの結果は向上しました。けれど、学力テストは年に１回しかありませんので、目標設定と評価の繰り返しを、児童自身が回せません。その点で、ワークテストは便利です。

二つ目は、ワークテストの点数分布を見ることで、関係性の指標となるからです。『学び合い』による授業では、テストの点数によって子供たちの関係性が見えてくるのです。そのためには「平均点」ではなく、「分布」を見る必要があります。

私はテスト結果について「分布グラフ」を作っています。これは西川純教授がTwitterに書いていらっしゃったのを見て始めました。100点が何人、90点台が何人、80点台が何人、70点台が何人、とテスト結果を、10点刻みでグラフにします。この分布を見ることで、誰が「見捨てられているか」が分かってしまいます。

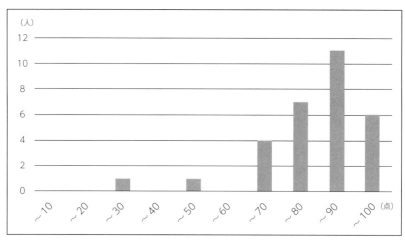

テスト結果の分布グラフ

　例えば、30人の学級で、上のグラフのような分布になったとします。見て分かるように、2人だけ点数が離れている子がいます。こういった状態が一つの単元だけならそれほど心配はしません。もしかすると、この単元の内容が特に苦手だったのかもしれません。また、この時期に体調が悪く欠席が多かった時には、後から追いつこうとしても難しい場合もあります。でも、こういう状態が続くなら要注意です。私もクラスも、その子のケアが十分にできていないということです。もしかすると、この子はいじめにあっている可能性すらあります。

　もし、『学び合い』に出会う前の私がこの状況を知ったら、「どうやってこの子を助けようか」と考えたでしょう。授業の主体者は私だと思い、解決するのも私の仕事だと考えていたからです。でも、今は違います。子供たちに投げかけます。このグラフのような分布だったら、私はまず、

「100点の人が少ないね」

　と話します。私はよく、

「目標は、全員が100点です。そうなれば、平均点100点！　日本

ーと言えるでしょう？」

と言っています。「日本一のクラスになろう」というのは冗談ではなく、本気です。

「100点の人が増えるためには、ここ（90点台）の人たちが、どんどん教えなくちゃいけないね。90点くらいの人は聞くよりも教えることでより100点に近付くんだよ。教えるって大変でしょう？　でも、その分、脳みそを使うんだよ。そして、脳みそを使う分、覚えられるんだよ。90点や95点の人が、もっと教えて他の人を90点に引き上げなさい。そうすると、気がつけば自分は100点を当たり前のように取れるよ」

というように話して、「もっと積極的に学ぼう」と呼びかけています。また、こういう話を何度かしている場合には、

「この状況を変えるためには、どうすればよいと思いますか」

と短く問うこともあります。短い問いの中に「ゴチャゴチャ言わなくても、本当は分かっているでしょう？」という私の思いをこめているのです。

どちらにせよ、私が一人で頑張るよりも、子供たちに任せることで、集団は育っていきます。時には、どうすればよいかと考える中で、

「先生に頼みたいことがあります」

と言われることがあります。過去には、テストの予定日を明示することや練習問題を用意することを頼まれました。子供たちからの頼みは基本的に聞き入れます。その上で子供たちには、

「先生はできる限りのことは精一杯やるよ。でも、先生は全員を教えることができないんだよ。でも、みんならできるよ」

と伝えます。

テスト一つをとっても、子供たちに伝えたいことは山ほどあります。それらを時にはたっぷりと、時には短く伝えながら、集団を育ててい

きます。

　集団が育ってくると、分布のピークが 100 点になります。つまり、クラスのほとんどが 100 点を取るのです。実際に全員 100 点を達成したこともありますし、全員が 80 点以上ならほとんどのクラスで実現可能です。教科や単元による違いはありますが、ワークテストはそれほど難しいものではありませんから、それなりの対策を行えば、点数は上がっていきます。でも、一番の問題は、実は私はテストが嫌いだということです。テストは便利だから活用しているだけで、本心では「こんなテストができなくても、立派な大人になれるよ」と思っています。ですから、時々、「テストなんて本当は嫌いなんだよね」という本音が出てしまいます。それがなければ、もっと良い点数を取らせてあげられるのかもしれません。ただし、嫌いな人や嫌いなものと折り合いをつけられないと、大人とは言えないとも思っています。学校にテストというものがある以上、嫌いでも折り合いをつけてやっていくしかありません。

# 第6章

# 『学び合い』、縦に走るか、横に広げるか

# 進歩は縦と横に

　私が行う『学び合い』による授業は、１単位時間の『学び合い』から始まり、複数時間の『学び合い』、単元の『学び合い』と進歩していきました。『学び合い』は集団の力を生かす授業です。何度も書いていることですが、集団が育っていくに従って授業も進歩させていかないと、成長が止まります。簡単に達成できてしまう課題だと、集団の力を使わず、個人の力で解決できてしまうことが多いからでしょう。

　課題を出す範囲を広くするのは、「時間の使い方を自分たち自身が決める」ことで、子供たちが頭を使う課題を増やすためです。１時間１課題の『学び合い』では、学習量が適切かどうかを考えるのは教員です。私も、１単位時間の『学び合い』の授業を行う前には「１時間でどれくらいなら終わらせられるだろうか」と悩み、授業の後には「今日の課題の量は不適切だったな。次はどのくらいの量にしようか」と反省することがよくあります。でも、単元の『学び合い』では、子供たちが時間の使い方を考えなくてはいけません。「締め切り日までに学習を終わらせるためには、今日はここまでは進めておこう」や「今日はあまり進まなかったから、次に向けて予習しておこう」というように、今では教員が行っていた仕事を子供たちに明け渡すことで、子供たちのやるべき課題をレベルアップさせているのです。課題のレベルアップと言うと、発展的な問題を出すことが一般的かもしれません。でも、常に発展的な課題を出し続けることは大変です。基本的な問題と発展的な問題と二つ用意するのですから、準備が倍になります。私の力量では、今の倍の授業準備を１年間継続的に行うことは無理です。発展的な課題は時々しか出せません。そこで、課題を出す範囲を「１時間、複数時間、単元」と広くすることで、授業の難度を上げるようにした

のです。このように授業をだんだんと難しくしていくことを、私は「『学び合い』を縦に進める」と呼んでいます。より難しい学習に突き進んでいくイメージです。第4章で述べたように、緊張感がなくなったクラスは徐々に緩みますから、それを防ぐためには『学び合い』を縦に進めることが必要だと考えています。

　一方で、『学び合い』を続けるためには「横に広げる」ことも必須だとも感じています。私は子供たちに「学び合うことの大切さ」を伝えます。「これからの世の中は、こういう授業が絶対に必要だし、役に立ちますよ」「私は教えるのが嫌なわけじゃありません。むしろ、教えることは好きです。でも、我慢しているんです」とも伝えます。こういう話、子供たちは半信半疑です。だって、周囲の教員はそんなこと言いませんもの。過去に担任した子供たちに聞くと、ほぼ100％の子供たちから、

「最初は、高橋先生は変な先生だと思った」

「言っていることを信じられるまで、少し時間がかかった」

　と言われます。当然の反応だと思います。

　その上もしも、同じ学校の先生たちが「高橋の授業はいまいちだな」と思っていると知ったら、子供たちは『学び合い』を続けたいでしょうか。また、私が「この授業は同僚に隠したいな」と考え、実際にこそこそと実践していたら、子供たちは信用してくれるでしょうか。かなり難しいでしょう。私が『学び合い』を広げようとしているか、それとも隠そうとしているか。それは言葉にしなくても、態度で子供たちに伝わっているものです。『学び合い』による授業が大切で絶対に必要なものであるなら、隠していてはいけないはずです。逆に、少しでも広げようとしていく必要があります。

　だから私は、同僚に授業を公開したり、ブログを書いたり、論文を応募したり、民間教育セミナーに登壇したり、雑誌や書籍に原稿を書

いたりしています。地域の研究会で授業提供する機会があれば、積極的に引き受けます。自主的な授業公開を行ったこともあります。面倒だったり、恥ずかしかったり、プレッシャーを感じたりしますが、でも、それをやらないと子供たちに嘘をついていることになってしまいそうで、勇気を振り絞ってやるようにしています。忙しさに負けて、

「今の学校では、まだ私の考えを理解してもらえていないので、授業を見せることはできません」

「普段の仕事が忙しくて、原稿を書いたり、公開をしたりする余裕はありません」

と言いたくなることもあります。でも、私がこういうことを言ってしまうと、子供たちも、

「今のクラスでは、まだ私の考えを理解してもらえていないので、学び合うことはできません」

「自分の勉強が忙しくて、友達に教えたり、ノートを見せたりする余裕はありません」

と言うかもしれません。子供たちがそう言った時に、「それは違うよ」と言えなくなってしまいます。また、第2章で書いたように、私は「日本一のクラスにしよう！」と子供たちに語ります。「日本一のクラス」は言葉としては曖昧です。でも、私が日本全国の仲間とつながり、学校の内外に向かって発信する姿を見て、子供たちは私が本気で「日本一」を目指していることを信用してくれるようです。特に、授業を見てもらうことの効果は絶大です。私はチャンスを見つけては授業を公開します。研究授業の機会があれば、積極的に引き受けます。そして、子供たちには、こんなことを話します。

「今度、多くの先生方に授業を見てもらいますよ。私はあちこちで、このクラスは日本一になりますって宣伝しているので、きっと『本当にそんなにすごいクラスなの？』と楽しみにして来る人もいるでしょ

う。心配はありません。みなさんはいつもどおりやってください。分からなかったら質問し、分かったら教える。いつもの姿を見せてくれればいいんです。それだけで、見に来た先生たちは、びっくりするでしょう。みなさんの姿は、それだけ素晴らしいものです。4月を思い出してください。『先生に教えてもらうのではなく、自分たちで学び合う』なんて無理だと思っていたでしょう？　信じられなかったでしょう？　今はそれが当たり前になっているけれど、実は多くの先生方も同じように、先生が教えないで子供たちだけで学び合うなんて無理だと思っているんですよ。だから、信じられないものを見た！　と思ってもらえますよ。私は楽しみで仕方ありません」

　大抵の子はこれで納得します。そして、自信をもって当日を迎えてくれます。事後研究会では、否定的な意見を言われることもあります。『学び合い』についての予備知識のない方の多くは、

「導入をもっとていねいにすべきだったんじゃないか」

「まとめをしなければならない」

　とおっしゃいます。私は反論をしません。そのかわり、

「でも、子供たちが一生懸命に学び合っていた姿は、見ていただけましたよね？」

　と聞きます。それについては、否定されたことはありません。むしろ賞賛されます。ですから翌日には子供たちに、

「昨日の授業を見て『もっと先生は頑張りなさい』と言われたけれど、みんなの姿はめちゃくちゃ褒めてもらえましたよ」

　と本当のことを伝えます。

　授業を見てもらえば見てもらうほど、クラスが磨かれていくのが分かります。ですから、私と一緒に『学び合い』を実践してくれている後輩にも、大きな場でなくてもよいので、地域の研究会や学習会で発表することを勧めています。

# 「一人も見捨てない」と助け合い型『学び合い』

『学び合い』という授業理論は、「人は課題を解決しようとする時、本能的に学び合おうとする」ことを利用するものだと、私は解釈しています。私たちだって、仕事をしていて分からないことがある時には、人に聞きたくなりますよね。それと同様に、子供たちも授業中に分からないことがあれば、人に聞きたくなるのです。ただ、本能的に学び合えるのは、4〜5人程度の小グループのようです。それを広げるには教育の力が必要です。ですから、教員が何もせずに子供たちが自由に学び合っている状況だと、4〜5人の固定的なグループに分かれてしまいます。それ自体が悪いわけではありませんが、この状況の最大の問題は、どのグループにも入れない子が出てしまうことです。

『学び合い』を続けていく中で、何度かこういう状況に陥ってしまったことがあります。クラスの様子を見ると、一見平和。子供たちはよく学び合っているし、楽しそうに学んでいる。けれど、よく見ると、学び合っているのは、いつも同じグループ。そこに入れず、いつも同じ子が一人になっていました。

その時、私が最初にとった行動は「半ば強制的に学び合わせる」ことでした。毎日のように子供たちに、

「どのグループにも入れず、一人でいたら悲しいよね。そういうクラスでいいのかな」

と語りかけました。それでも一人の子がいると、

「まだ課題ができていない人がいるのに、どうして助けないんだ！見捨てていいのか！」

と強い口調で叱りつけました。私が叱るので、数人がその子に教えに行きます。叱ってばかりではいけないと思い、そういう時には、

「友達に教えている人がいるね。素晴らしいね！」

と褒めました。叱ったり、褒めたり。アメとムチを使い分け、なんとか学び合うように仕向けているような授業をしていました。友達を助けないと私に叱られるのですから、子供たちは助け合って学んでいるように見えます。私も「一人ぼっちの子」が授業中にいないので、ひとまず安心します。でも、それでは本当の意味で「一人も見捨てられないクラス」は実現していないのです。その証拠に、私の目が届かない場では、一人ぼっちの子が出てしまうのです。例えば、休み時間には誰にも「一緒に遊ぼう」と言えずにポツンとたたずむ子がいます。周囲の子はわざと「仲間外れ」にしているわけではありません。でも、わざわざ誘いもしないのです。そうすると、一人の子が寂しくなって、

「先生、みんなが私と遊んでくれません」

と訴えてきます。私は他の子に、

「寂しいと感じている人がいるよ。それでいいの？」

と伝えます。そうすると、「仕方なく」他の子が誘ってくれます。でも、一緒に遊ぶのは少しの間だけ。私が声をかけなければ、誘わなくなりますし、誘われる側も「仕方なく」遊んでもらっている、という状況を苦しく感じ始めると、そっと離れていきます。

休み時間にはこんな状況でも、授業中はそれなりに助け合って学び合っています。なぜなら、私がそれを求めるからです。この「助け合うことが目的となってしまっている『学び合い』」のことを、私は「助け合い型『学び合い』」と呼んでいます。助け合い型『学び合い』が危険なのは、助け合っているように見えて、本当は助け合えていないことです。助け合うというは、多様な方向性を持っているはずです。あなたが私を助けてくれる時もあれば、私があなたを助ける時もある、ということもあります。また、複数の人間が助けたり、助けられたりして、「誰が誰を助けているかわからないけれど、でも、誰もが助けら

れている」という混沌とした助け合いもあります。でも、助け合い型『学び合い』は一方通行です。私が、

「助け合いなさい！」

　と言えば言うほど、その実情は、一人ぼっちの子や勉強が苦手な子を、一部の得意な子が一方的に「助けてあげる」だけになってしまいがちです。滅私奉公は続きません。助けてあげるだけの子が、徐々に疲れてきます。助けられている子も、周囲の「仕方なく教えている」雰囲気を感じて、学びを楽しめません。子供たちはだんだんと消極的になっていきます。そうなると、私が一生懸命にアメとムチで、子供たちに「助け合え！」「助け合え！」と迫っていないと学び合えませんでした。

　私が『学び合い』を始めたのは、子供たちが持つ力に感嘆したからでした。子供たちの力を信じて始めた『学び合い』のはずなのに、気がつくと私は子供たちを信頼できず、急かし続けている。この矛盾した状況は私自身も楽しくありませんでしたし、それ以上に子供たちが辛かったでしょう。

　こんな状況を打破できず、悶々としていた時期があります。正確に言うと、そういう谷の時期を何度も経験しています。三年生を担任していたある年にも、いくつかの固定的なグループと、そこに入れない数人という構図ができてしまい、非常に悩んでいました。私が様々なことを語ったり、授業中に声かけをしたりして、形の上では助け合っていましたが、私の声に押されて仕方なく行っているようでした。

　その姿を見ていたら、私は涙が出てきました。そして、自分の情けなさを恥じました。一人の苦しさを見て見ぬ振りをするクラスは、他の子の苦しさも見逃します。次は自分の番かもしれません。感受性の強い子は、その危険性を敏感に感じ取ります。だから、固定的なグループをつくって身の安全を図るのです。そうやって固定的なグループが生まれ、そこに入れない子は苦しみ、それを見てグループはますます

固定化していく、という悪循環。でも、そのグループの結束は、まるでガラスのようで、強固に見えるけれど実際には割れやすいものです。だから、子供たちはますます不安感を強くしていきますし、グループが割れれば苦しむ子が増えていくのです。当時のクラスの現状は、そこまで深刻ではなくても、そうなる危険性は十分にある状態だと私は感じていましたし、子供たちの姿を見ても不安感を抱きながら生活しているのが分かりました。私は、自分が愛するクラスの子供たちにそんな不安感を与えてしまっていることが情けなくて、泣いたのです。そして、泣きながら、私がなぜ泣いているのかを説明しました。

　どんなことを言ったのか、正確には覚えていません。感情的になっていたので、支離滅裂なことを言ったでしょう。けれど、心の底から「友達を見捨てることは、自分の不安を大きくするだけなんだよ。誰も見捨てられないクラスをつくることができれば、自分が絶対に見捨てられないんだよ。そういうクラスになって欲しいんだよ」と願いながら語ったことは覚えています。

　子供たちがどこまで納得してくれたのかは分かりません。でも、このクラスは、この頃を境に変わっていきました。何より、私自身が「一人も見捨てないクラスをつくることが、誰にとっても必要なのだ」と強く語れるようになりました。自分が子供たちの前で本気で泣くほどに「一人も見捨てたくない」と願っているのだと知ったからです。あの時の涙は、本当に自然に出てきたものでした、自分でも驚くほどに。『学び合い』に対する批判が、この「一人も見捨てない」という言葉に向けられることがあります。例えば、

「一人も見捨てない、という言葉は子供たちには重すぎる。教員が思っていればいいだけで、子供たちに向けて使うべき言葉じゃない」

　というものがあります。また、

「教員は誰も子供たちを見捨てているとは思っていない。一人も見捨

てない、なんていうのは当たり前のことだ」

　とも言われます。なるほど、そうかもしれません。でも、私の考え
は違います。

　私は福島県浜通り地方の教員として、2011年の東日本大震災を経
験しました。当時の勤務地の震度は6強。学区の約4割が津波にのま
れました。震災に伴う原子力発電所の事故で住む家を追われた子たち
が数名避難してきました。そういう場所ですので、大人も子供も、心
身ともに傷つけられました。私自身も、瓦礫や潰れた家屋、学校の間
を通って通勤している途中、苦しさに押し潰されないように大声で叫
びながら運転したことも一度や二度ではありません。そういう誰もが
心潰れそうな状況で、私もクラスの子供たちも「一人も見捨てないこ
とがどれほど大切か」を強く実感しました。苦しんでいる友達を支え
ようとすることで自分も救われる。友達に寄り添っていることは、同
時に自分に寄り添ってもらっていることになる。こういうことを、私
とクラスの子供たちは、理屈ではなく、身を持って経験的に学びまし
た。そして、「一人も見捨てない」とは真逆の方針で運営されたクラスが、
苦しい状況の中でどうなるのかも知ってしまいました。震災を経験す
ることで、私は「一人も見捨てない」ことの大切さ、そして、「一人も
見捨てないことの大切さを子供たちに伝えること」の必要性を実感し
たのです。

　でも、私自身が「一人も見捨てないクラス」を真の意味で実現でき
ているとは思えません。毎年のように学級経営に悩み、日々の授業に
悩み、苦しみながら仕事をしています。後悔し、涙を流したことも一
度や二度ではありません。自分の力量のなさは、自分がよく分かって
います。それゆえに、子供たちの力を借りて、『学び合い』による授業
を行っているのです。それでも救いきれない状況は多々あります。卒
業していった教え子の状況を聞いて、苦しくなることもあります。私

は「見捨ててしまっている」という懺悔の思いを持って仕事をしているのです。でも、いつか「一人も見捨てたくない」という願いが叶う可能性を信じて、にじるように進んでいます。「子供を見捨てていると思っている教員なんていない」「一人も見捨てない、なんて当たり前だよ」という言葉を聞くと、驚きます。そんなに簡単なことじゃないでしょう、と感じてしまいます。

　簡単なことではないし、自分にそれを実現できるとは言えないけれど、「それでも見捨てたくない」「一人も見捨てたくない」と願いながら、私は『学び合い』による授業を続けているのです。私は力不足で未熟な教員です。それでも、見捨てたくありません。だから、子供たちの力を借りるのです。私はその願いを隠すことなく子供たちに伝えます。それに共感してくれる子が『学び合い』を支えてくれます。ですから、私は「一人も見捨てたくない」という願いを、心をこめて子供たちに伝えることを大切にしています。

## 合同『学び合い』に挑戦して、 「つながり」観が変わりました

　一人も見捨てないために学び合う、というと「勉強が分からない友達のために必死に教える姿」「最後の一人を助けるために、みんなで応援したり、何人もの友達が囲んだりする姿」をイメージする方も多いかもしれません。『学び合い』を始めたばかりの頃の私もそうでした。けれど、他の学年と合同で『学び合い』による授業を行っていく中で、子供同士の「つながり方」について、考え方が変わってきました。

　他の学年と一緒に行う『学び合い』（これを異学年合同『学び合い』と言います）は、新たに『学び合い』を始める際に非常に有効です。新たに『学び合い』を始めるクラスは、すでに『学び合い』に慣れて

いるクラスと一緒に授業をすることで、スムーズに『学び合い』に入ることができます。

　初めて異学年合同『学び合い』に挑戦した時は、六年生を担任していた６月でした。私が三・四年生でも担任し、『学び合い』にはすっかり慣れている六年生と、そのクラスの姿を見て『学び合い』に興味を持ってくれた同僚が担任していた三年生による授業。六年生と三年生の合同授業ですから、私は六年生に

「下級生にどんどん教えるんだよ！」

　とはっぱをかけました。でも、授業が始まると、「六年生が下級生に教える」という姿はそれほど多くありませんでした。ゼロではありませんが、六年生は六年生同士、下級生は下級生同士で学び合っている姿の方が多いのです。けれど、六年生が三年生を十分に意識しているのが分かります。いつも以上に張り切っています。だから、友達に積極的に聞き、積極的に教えています。その姿を見ていると、六年生は「三年生に何を教えるべきか」が分かっているようでした。私に「三年生にどんどん教えよう」と言われて、子供たちは「答え」を教えるのではなく、分からないことがあると積極的に質問する姿、質問されるとていねいに教える姿、答えを教えるのでなくヒントを与えたり考え方を伝えたりしている姿、こういった「本当の意味で学び合うとは、こういうものだ」という姿を教えようとしたのでしょう。

　そんな六年生の姿を三年生もよく見ていました。六年生が学び合っている姿を見て、三年生も徐々に動き出しました。授業が始まって10分も経つ頃には、三年生もある程度学び合えるようになってしまいました。これを数回繰り返すころには、すっかり三年生も『学び合い』のクラスです。自然に友達に聞いて、自然に友達に教える姿が生まれ、「そこは自分で考えないと！」や「あ、分かったからこれ以上教えてくれなくて大丈夫！」なんて言葉が聞かれるようになりました。

そのような姿を見ていると、「教える・教えられる」という関係は、直接的に知識を伝えることだけじゃないのがよく分かります。よく「学び方を学ぶ」と言われますが、まさに子供たちは合同『学び合い』をとおして、学び方を学ぶのでしょう。分からないことはどんどん聞いた方がいいんだ、答えを教えるんじゃなくて考え方を教えるってこういうことなんだ、仲がいいって一緒にいるだけじゃないんだ、本当に分かったと言えるにはこんなことが必要なんだ。こういうことは、いくら言葉で伝えても子供たちが納得するのは難しいものです。けれど、六年生は三年生にそういう姿を見せ、三年生の子供たちは、六年生の姿から学び取ったのだと思います。

　その後、何度も合同『学び合い』に取り組んでいますが、異なる学年で「学習内容」を教え合うことは、「時々ある」という程度です。45分の中で数人です。これを多いと思う方もいれば、少ないと感じる方もいるでしょう。ただ、面白い光景を見ることはありました。それは、下の学年の子が上の学年の学習を見に行くのです。そして、時には一緒に学習するのです。算数で、四年生の子が五年生や六年生の問題を解いている時もありました。三年生が六年生の物語文を読んでいる時もありました。そういう子は、その教科が非常に得意な子の場合が多かったことから考えると、もしかしたら普段の学習では物足りない思いをしていたのかもしれません。それゆえに上級生の学習内容に興味を抱いたのかもしれない、そんな風に予想しながら、私はその姿を見ていました。

　これらの姿から、私は二つの結論に至りました。

　一つは、「一人も見捨てないための学び方」とは教科の内容を教え合うことではなく、もっとゆるやかなつながりである、ということです。下級生が上級生の学び方をじっと見ているように、同じクラスであっても、友達の学び方を参考にする方が、子供たちは学びやすいのかも

しれない。そんな仮説を持っています。『学び合い』自体が、「よく分かっている人は、初心者には教えられない」という理論から成り立っています。

「得意な人が、苦手な人に教えてあげてね」と促すことも初期の『学び合い』では必要ですが、実はこれって効率があまりよくありません。それよりも、得意な子がどうやって学んでいるのか、答えを教えるのではなく考え方を教えるとはどういうことか、という見本になる方が役に立つのでしょう。

私は、合同『学び合い』をとおして、「得意な子が教えるべき」という思い込みを捨てることができました。

もう一つは、「得意な子の苦しさ」です。私が教材研究をする場合「苦手な子をどう助けるか」を考えることがほとんどでした。得意な子は「できる」のだから楽しいだろう。苦手な子は「できない」から苦しいだろう。そう思い込んで、「苦手な子を少しでも楽しくしたい」と考えていました。だから、『学び合い』でも「全員できるようにしよう！」と求めてきました。

でも、「できる」から「苦しい」子もいるのだと気づきました。同時に、『学び合い』による授業なら、どの子にとっても楽しい授業が簡単に実現できる、という思い込みが間違いだったことにも気づきました。そして、授業をどんどん縦に突き進んでいくことの必要性にもあらためて気づいたのです。

こうして、今の私の授業のイメージはつくられてきました。授業をレベルアップさせていくことで、学習が得意な子が一生懸命に学べるようにする。その姿を見て、学び方を真似ながら追いかけていく子がいる。その流れにのって自分のペースでついていく子もいる。ついてこられない子がでたら、様々な子が助けの手を伸ばす。そんなイメージです。

# 「一人も見捨てない」ために、合同『学び合い』を

2011年の東日本大震災を経て、福島県の学校を取り巻く状況は、大きく変化していると感じます。数字に現れやすい「苦しさ」として、不登校の増加があります。「福島県の教育の現状分析」（福島県教育庁 平成29年2月）によると、「震災前は全国的にも不登校児童生徒が少ない県であったが、震災後には急増（平成23年→平成27年 約2割増）し、全国平均並みの割合に」なっています。数値が増えたことが問題なのではありません。不登校自体を大問題だと言いたいのでもありません。この数値の裏には、悩み苦しんでいる児童生徒と家族、そして、その対応に苦慮する多くの教職員の姿があるのです。また、福島県の児童数は、震災前の平成23年度と、その7年後の平成30年度を比較すると、25%近く減少しました。児童数の減少は全国的な傾向です。しかし、福島県の場合は、1万人ほどの「避難児童」の存在が、その割合を高くしています。平均で25%ですが、その増減は一律ではなく「まだら」です。極端に減った学校もありますし、逆に増えた学校もあります。そういった学校は、数年で全く別の学校になったようなものです。校務分掌も教育課程も様々な学校行事も、「今までどおり」とはいきません。「児童数」が急激に変化すると、教室の配置をどうするか、委員会やクラブ活動をどうするか、運動会の日程をどうするか、など細かい変更が山のように発生します。津波や放射線被害への対応という経験したことのない仕事、不登校の増加に代表される児童対応、それに加えて、通常の仕事でさえも通常どおりとはいかない状況が、震災後に発生しました。

こういった状況で、残念ながら学校や教員は大きく疲弊しました。

そして、その疲れは、教室に表れてしまいます。これはデータが出ているわけではなく、あくまでも私の実感というだけですが、学級経営がうまくいかないケースが増えたように思います。いわゆる「学級崩壊」という場合もありますし、それとはちょっと違う「子供たちは担任の言うことを聞いているのに、なぜだか学級が機能していない状態」というものもあります。子供たちは担任の話を聞いているし、授業中も静か。でも、子供たちも担任も苦しさを抱えているという状態です。もちろん、震災前にもそういったことは見聞きしました。でも、震災直後は極端に多かった、と感じています。どうにかして、データとしてまとめておけばよかったのですが、当時はその余裕がありませんでした。誤解のないように申し上げておきますが、これらは「子供が悪い」「担任の指導力が足りない」「行政が悪い」という話をしたいのではありません。複数の教室、学校、自治体で、同じような状況でした。悔しいですが、誰かの努力で防げる状況ではなかったのかもしれません。

　私自身も、あの当時は自分のクラスをなんとかするので精一杯でした。クラスには自宅を津波に流された子、親族を失った子、原子力発電所の近くから避難してきた子など様々な子がいましたから、ありきたりの表現ですが「心のケア」に苦労していました。ただ、心のケアと言っても最初は何をしていいのか分かりません。スクールカウンセラーが各校に配置されたので、子供たちのカウンセリングを行ってもらいました。それはそれで効果もたくさんあったのですが、逆に言うとスクールカウンセラー任せ。担任として何をすべきなのか具体的には見えてきませんでした。けれど、『学び合い』の授業を続けていく中で、一つの確信を得ました。それは、人は人と関わり合う中で安らぎを得ていく、ということです。『学び合い』による授業は、私が以前取り組んでいた授業と比べると、爆発的に関わり合う時間が増えます。時には一人で考える時間や、黙々と読んだり書いたりする時間もあります

が、それでも、１日のトータルで考えれば、非常に多くの時間で友達と関わることができます。寄り添い合うように学ぶ子供たちを見ていると、子供たちがひとときの安らぎを得ながら、夢中に学習に取り組んでいるのが分かりました。こうして、私と私のクラスの子供たちは、苦しく、心が潰れてしまうような状況の中でも懸命に学習しながら、「一人も見捨てないことは、自分自身を救うことになるのだ」ということを経験的に学ぶことができたのです。私と私のクラスの子供たちは、『学び合い』によって救われた、と思っています。

　でも、私が救いたいのは、自分のクラスの子供たちだけではありませんでした。隣のクラスだって私のクラス同様に、担任も子供たちも悩み、苦しんでいました。中堅の年齢となった私は、自分より年下の同僚を助けなければならない立場です。けれど、同僚であっても、他のクラスを指導するのは、簡単なことではありませんよね。

　そういった状況で、私が頼ったのが、異学年合同『学び合い』でした。『学び合い』による授業の見た目は、一般的な授業とは大違いですから、無理に勧めても拒否される可能性が高いと考えました。そのため、最初は『学び合い』に興味を持ってくれている同僚と一緒に始めました。最初は訝しがられていたものの、『学び合い』に取り組み出した同僚がいたり、私の学級の様子に興味を持ってくださった学校長がいたりしたことで、徐々に周囲の方にも許容してもらえるようになりました。2015 年には、「自主公開」という形で、四・五・六年生の３学年合同『学び合い』の公開も行い、40 名ほどの参観者に来校していただくことができました。他県からの参加もありましたが、私にとっては近隣の学校からも参加してもらえたことが、非常に嬉しいことでした。そうやって一緒に合同『学び合い』に取り組んだり、私の授業を見たりしてくれた方の何人かは、その後も『学び合い』による授業を継続してくれています。その広まりを感じることで、私のクラスの子供た

ちは、自分たちの学びに誇りを持ってくれていたようです。

　また、私と一緒に合同『学び合い』に取り組んでくれた先生や参観してくださった先生は、自分の友人や知り合い、家族に『学び合い』の良さを伝えてくれます。教員の周囲は教員の率が高いですから、『学び合い』の評判が口コミで広がることになります。その中には地域で「実践者」として影響力のある方も、行政や教育委員会に関わっている方もいました。評判を聞いた教育委員長さんがわざわざお一人で授業参観に来てくださったこともありました。そういった口コミ力のおかげで、私が『学び合い』による授業を行うことに、反対されたことはありません。

　一方で、私が救えなかった子供たちの存在も忘れることができません。同じ学校の中にも、他校にも、そういうクラス、先生が、子供たちがたくさんいたのです。『学び合い』だけが正しいとも思っていませんし、『学び合い』が万能だとも思いません。けれど、『学び合い』がもう少し広まっていたら、助かった人もいるはずです。私のように。だから、もっと『学び合い』が広まって欲しい。そう願って、私ができることをコツコツと続けています。

# 第7章

# 教科横断型『学び合い』
# ～織り重ねる学び

## 『学び合い』の弱点？

　私は「みゆき会」という教育実践グループで、実践研究に取り組んでいます。みゆき会とは、前述した福島県郡山市の小学校教員・坂内智之さん、北海道札幌市の小学校教員・古田直之さん、そして私の3人で作ったグループです。2013年ごろ、みゆき会の坂内さん、古田さんから『学び合い』の弱点について指摘されました。それは、『学び合い』による授業は、子供たちの学びの「足跡」が残りにくい、という指摘です。

　その頃の私の授業では、子供たちは非常に多くの「対話」を積み重ねていました。また、教科書や資料をじっくりと「読む」姿も見られました。分からないことがあると友達に相談しますが、答えを教えて終わり、という姿はほとんど見たことがありません。聞いた側が、

「それって、どこに書いてあるの？」

「どうしてその答えになるのか、理由を教えて」

　とさらに質問をすることもよくありました。また、聞いた側が、

「分かった」

　と言うと、教えた側が、

「じゃあ、どうしてこの答えになるのか、理由を言ってごらん」

　と根拠を求めたり、

「分かったなら、こっちの問題も解けるよね」

　と確かめたりする姿も何度も見ました。

　けれど、それらの姿は私の目が届く範囲しか把握できません。学級全体の学びを教員が見取ることは不可能です。そして、みゆき会の3人で「人は見たいものしか見えない」という話をよくしていました。しっかり読んだり話し合ったりできている姿や、答えが分かれば終わ

りではなくてしっかりと根拠を確かめている姿は、私が「見たいもの」だから見えているだけで、そうではない姿を見逃しているのではないか。子供たちが自由に学び合う授業で、「子供たちはしっかりと学んでいます」と自信を持って言えるのか。それは「多分、学んでいるだろう」という思い込みに過ぎないのではないか。もし、「思い込みではない」と言うのなら、その根拠はどこにあるのか。そういう指摘でした。

　私は思い込みを避けるために、単元テストの点数を重視してきました。第5章に書いたように、平均点ではなく、分布を重視することで学級の状態に気を配ってきました。そこには「教員が一人でクラス全員の学びを完璧に把握することはできない」という考えがありました。『学び合い』では子供たちは実に多様な活動を展開します。一人で黙々と考えている子もいます。2人で激論を交わしている子たちもいます。様々な子に質問して回る子もいます。困っている子を探して歩く子もいます。どの姿も、私から見ると「素敵」です。でも、その素敵さに目を奪われて「本当に分かること」を子供たちに求めなくなると、子供たちの「分かったふり」や「分かったつもり」が増えていきます。1時間1課題の『学び合い』なら、「その課題ができたかどうか」を見やすいのですが、単元『学び合い』となったらお手上げです。一生懸命に学び合っているように見えたけれど、でも、テストをやってみたらさっぱりだった、という経験は1度や2度ではありません。そう考えると、2人の指摘のとおり、私も子供たちも「本当に分かったのか」を確かめながら学習することは重要だと感じました。

　2人の指摘を受けて私が取り組み始めたのが、「書く」活動です。古田さんと坂内さんは、授業の最後に、学習のまとめとして「書く」活動に取り組んでいました。みゆき会はグループと言いつつ、統一したやり方で実践をするわけではありません。各々が良いと思うことを、

良いと思うやり方で実践し、その中で感じたこと、見つけたことを報告し合い、高めていくという流れで活動しています。ですから、古田さんと坂内さんでは同じ「書く」と言っても詳細は異なります。でも、2人に共通していたのが「授業で分かったことを、まとめとして文章に書く」ということです。そこで私も、授業の中で分かったことを「学習レポート」という形でまとめて書く活動を取り入れました。ただ、書くといっても、一体どう書けばよいのでしょうか。私のこの疑問に対して、坂内さんが簡潔に答えてくれました。

「文章の書き方って、国語で学習しているんだよね。それを理科や算数で使わないのはもったいない。逆に言うと、書くことが得意な子って、国語で学習したことを他の教科でも使えているんだよ。ポイントは、教科を融合させることだよ」

　最初は、坂内さんが言っていることがよく分かりませんでした。でも、何度かやり取りする中で、少しずつ分かってきました。

## 学びのカリキュラム・マネジメント

　坂内さんが言う「教科を融合させる」とは、どういうことでしょうか。
　国語科の「調べたことや考えたことをまとめて報告する文章を書く」授業は、学習指導要領解説や教科書を見てみると、次のような流れで進む場合が多いようです。

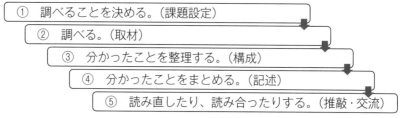

① 調べることを決める。（課題設定）
② 調べる。（取材）
③ 分かったことを整理する。（構成）
④ 分かったことをまとめる。（記述）
⑤ 読み直したり、読み合ったりする。（推敲・交流）

〈国語科「調べたことや考えたことをまとめて報告する文章を書く」授業の流れの例〉

一方、社会科の調べ学習は次のような流れが一般的でしょう。

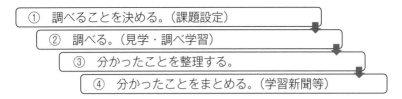

① 調べることを決める。（課題設定）
② 調べる。（見学・調べ学習）
③ 分かったことを整理する。
④ 分かったことをまとめる。（学習新聞等）

〈社会科の授業の流れの例〉

比べてみると、国語科と社会科の学習内容が非常に似ていることが分かると思います。「ほとんど同じ」と言ってもいいくらいです。みゆき会の坂内さんは、ここに着目し、この二つを組み合わせました。

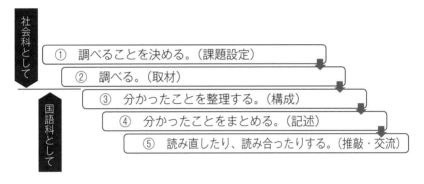

社会科として

① 調べることを決める。（課題設定）
② 調べる。（取材）
③ 分かったことを整理する。（構成）
④ 分かったことをまとめる。（記述）
⑤ 読み直したり、読み合ったりする。（推敲・交流）

国語科として

〈国語科と社会科を融合させた流れの例〉

上記の①と②を社会科として、③から⑤までを国語科として実施します。つまり、「社会科で学習した内容を題材にして、国語科の時間に作文を書く」のです。これが、教科を融合させるということです。

教科の融合には、二つの効果があります。

一つは、社会科も、国語科も、よりしっかりと学べるようになることです。国語科は、いわゆる「生活文」を書く単元は減って、調べたことをまとめて報告する文章を書く単元が増えています。こういった

単元では、

「何を調べればいいか分からない」

「調べようとしても、資料が見つからない」

「題材設定や取材の指導に時間がかかって、文章表現の工夫まで指導できない」

という問題が発生しがちではないでしょうか。でも、題材設定と取材を社会科の授業として行えば、子供たちが調べるべき内容がはっきりしていますし、調べるための資料も教科書や資料があります。

もう一つは、時数の節約です。例えば、国語科の「書くこと」に13時間の単元があったとします。この単元を教科書どおりの内容で実施すると、次の表のような流れになるでしょう。

「書くことの単元計画例」

| 時数 | 学習内容 | |
|------|----------|---|
| 1 | ・書き方を知る。 | 社会科 |
| 2〜3 | ・書く題材を決める。（課題設定） | |
| 4〜7 | ・調べる。（取材） | |
| 8 | ・調べたことを整理する。（構成） | 国語科 |
| 9〜12 | ・書く。（記述）<br>・自分で読み直し、間違いを直す。（推敲） | |
| 13 | ・作品を読み合い、互いに助言し合う。（交流） | |

このうち、「課題設定」と「取材」の時間を国語科としてではなく、社会科として行うのですから、国語科として実施するのは、13 − 7 ＝ 6。6時間だけです。そうなると、7時間の余裕が生まれることに

なります。

　このように、複数の教科を融合させることによって、子供たちが学びやすくなるだけでなく、時間的な余裕が生まれます。みゆき会では、この仕組みのことを「学びのカリキュラム・マネジメント」と名付けました。

　そして、この学びのカリキュラム・マネジメントのおかげで、私の授業方法は大きく変わることになりました。それが、「三つの場の設定」です。

## 三つの場　その1「書き方を学ぶ場」

　国語で学習したことを他教科でも生かすために、まずは、国語科の「書くこと」の授業を「書き方を学ぶ場」と設定しました。ここで私が大切にしたのは、具体的に示すことです。「この単元で身に付けることは何か」を子供たちにも分かるように、簡潔に明示しなければ、子供たちは何を身に付けるのか分からないまま何となく書くことになってしまいます。それでは、他の教科に生かすと言っても、何をすればよいのか分かりません。

　例えば、私は三年生を担任した時には、身に付けるべき書き方として、次のことを指導しました。
⑴　はじめ・なか・終わり　の構成で書くこと。
⑵　この三つは、段落を分けて書くこと。
⑶　自分の行動だけではなく、その時に考えたことやそう考えた理由も書くこと。

　この3点は、学習指導要領に基づいていることです。第3学年及び第4学年の指導事項として、『小学校学習指導要領解説　国語編』には次のように示されています。

（『小学校学習指導要領解説　国語編』p.22　各学年における「Ｂ書くこと」の指導事項を基に筆者が作成）

| 課題設定や取材に関する指導事項 | 構成に関する指導事項 | 記述に関する指導事項 | 推敲に関する指導事項 | 交流に関する指導事項 |
|---|---|---|---|---|
| ア　関心のあることなどから書くことを決め、相手や目的に応じて、書く上で必要な事柄を調べること。 | イ　文章全体における段落の役割を理解し、自分の考えが明確になるように、段落相互の関係などに注意して文章を構成すること。 | ウ　書こうとすることの中心を明確にし、目的や必要に応じて理由や事例を挙げて書くこと。<br>エ　文章の敬体と常体との違いに注意しながら書くこと。 | オ　文章の間違いを正したり、よりよい表現に書き直したりすること。 | カ　書いたものを発表し合い、書き手の考えの明確さなどについて意見を述べ合うこと。 |

　(1)と(2)の指導は、上記のイを基にしています。(3)はウです。また、推敲と交流の仕方として、「友達の作文を読んで改善点を指摘し合う」「それを基にして書き直す」「友達の考えがよく分かったかどうか、感想を付箋紙に書いて交流する」という指導もします。

　私が特に力を入れているのは、構成です。三年生には、基本型として、「○○について、説明します。まず、………。次に、………。最後に、………。このように、………。」

「○○について、説明します。一つ目は、………。二つ目は、………。三つ目は、………。このように、………。」

　という二つの基本型を指導しました。

　また、高学年を担任した時には、

「みなさんは、○○を知っていますか。○○とは、～ということです。では、○○について、詳しく説明します。まず、………についてです。………。次に、………についてです。………。最後に、………につい

<table>
<tr><td>

**〈中学年向けの基本型〉**

　これから A について説明します。全部で3つあります。

　1つ目は、○○です。○○とは、〜ということです。

　2つ目は、○○です。○○とは、〜ということです。

　3つ目は、○○です。○○とは、〜ということです。

　私は、A について調べて、私は□□だと思いました。それは、〜だからです。

</td><td>

**〈高学年向けの基本型〉**

　みなさんは、A を知っていますか。A とは、〜ということです。では、A について、くわしく説明します。

　まず、…についてです。例えば、…があります。

　次に、…についてです。もっとくわしく言うと…。

　最後に…についてです。つまり…。

　このように、A とは、〜ということなのです。

</td></tr>
</table>

てです。つまり、………。」

　という基本型を指導しました。この「問い」と「答え」という形は、「読むこと」で学習する説明文を参考にしています。

　こういった基本型の指導をすることで、子供たちは他教科でも使える書き方を身に付けることができます。基本型は、シンプルであることを大切にしています。シンプルな方が、応用が利くからです。基本型を示す指導について、以前、「型にはめた指導だ」と批判を受けたことがあります。書き方を決めずに、子供たちの発想に任せ、自由に書かせた方がいい、という意見でしょう。けれど、自由に書ける子がどれほどいるでしょうか。そして、書くことが得意な子であっても、もっと別な書き方を身に付ける機会が必要ないのでしょうか。『学び合い』は子供たちに「任せる」授業を行います。でも、それは放任することではありません。「何でもいいから書いてごらん」は放任です。「何を学ぶのか」「何を身に付けるのか」を示した上で、そこに至る道筋は人それぞれであることを認めるようにしています。また、型にはまる、というのは、複雑で応用の利かないものを示した場合に起きる問題だと思います。少なくとも私は、子供たちが「型にはまった」画

一的なレポートを書いていると感じたことはありません。

　私は、学習のとっかかりとして基本型を示しますが、これが絶対的に正しいものだとは考えていません。今までにも様々な基本型を試してみました。六年生では、「町のよさを伝えるパンフレットを書く」という単元で示されている形を基本型として示したことがあります。これは、五・六年生の指導事項がもとになっています。

　パンフレット作成には、「目的や意図に応じて」記事の順番や割付を決めるなど「簡単に書いたり詳しく書いたり」する活動が必要です。また、「引用したり、図表やグラフを用いたり」しながら書きやすいというメリットがありました。

　ただ、国語科の数時間だけで、こういった力が身に付くわけではありません。「繰り返しのある単元『学び合い』」では、単元の中で「もう一度書こう！」と求めます。１度目よりも２度目の方が書けます。

（第５学年及び第６学年の指導事項）

(『小学校学習指導要領解説　国語編』P22　各学年における「B書くこと」の指導事項を基に筆者が作成 )

| 課題設定や取材に関する指導事項 | 構成に関する指導事項 | 記述に関する指導事項 | 推敲に関する指導事項 | 交流に関する指導事項 |
|---|---|---|---|---|
| ア　考えたことなどから書くことを決め、目的や意図に応じて、書く事柄を収集し、全体を見通して事柄を整理すること。 | イ　自分の考えを明確に表現するため、文章全体の構成の効果を考えること。 | ウ　事実と感想、意見などとを区別するとともに、目的や意図に応じて簡単に書いたり詳しく書いたりすること。<br>エ　引用したり、図表やグラフなどを用いたりして、自分の考えが伝わるように書くこと。 | オ　表現の効果などについて確かめたり工夫したりすること。 | カ　書いたものを発表し合い、表現の仕方に着目して助言し合うこと。 |

それは間違いありません。それでも、数時間の単元の中で繰り返せるのは、早い子でも多くて3回程度です。苦手な子ほど時間がかかる傾向がありますから、そういう子は1回しか書けないことも少なくありません。

　そこで、もっとたくさん書く場を設定できるようにする必要があります。それが次の「書き方を活用する場」です。

〈↓パンフレット形式を使った基本形の例示と単元計画〉

# 三つの場　その2「書き方を活用する場」

　国語科で学習した基本型を使って、他教科の「まとめ」を書くのが、「活用する場」です。まとめるのは、社会・算数・理科だけではなく、図工や体育といった技能教科でも可能です。例えば、六年生の保健でタバコの害について学習したら、

「みなさんは、タバコにはどんな害があるか知っていますか。タバコには非常に多くの害があるのです。では、具体的にどんな害があるのでしょうか。これから説明していきます。

　まず、血管への害です。これは、……」

　といったレポートを書くことができます。

　また、四年生の社会科で、「消防署の仕事」について学習したら、そのまとめとして、

「これから消防署ではたらく人々の仕事について説明します。わたしは四つ見つけました。一つ目は、点検です。点検というのは、……」

　というようなレポートが書けます。さらに、「警察署の仕事」について学習したら、

「これから警察署ではたらく人々の仕事について説明します。わたし４つ見つけました。一つ目は、パトロールです。パトロールというのは、……」

　というレポートが書けます。同じように、浄水場の仕事、清掃工場の仕事など、多くの単元でレポートを書くことができます。理科でも、例えば「閉じ込めた空気と水」「水の姿と温度」「物のあたたまり方」などの単元全てで「これから、○○について説明します。一つ目は、……」という形でまとめることができます。このように、国語科の学習を他教科とつなぐことで、何度も繰り返し書くことが可能になりま

した。

　六年生で「パンフレット」を基本型とした時には、同じ形式で5回、パンフレットを書きました。1回目のパンフレット作成では、

「社会でたくさん学習しているから、まとめも書きやすい」

　という子供たちが多くいました。中には、予定のページを書き終え、2枚目のパンフレットへと進む子もいました。けれど、なかなか書けない子もいます。

「小見出しって、どう書いていいか分からない」

　という声もあがりましたし、書くことが苦手な子は教科書や資料の文章を丸写しになりがちです。そういう子には、

「初めてでここまで書ければ十分だよ。最初から全員が完璧だったら、学校も授業も必要ないんだから。この後も色々な時代を紹介するパンフレットを書くからね。だんだんと書けるようになるから焦らなくていいよ」

　と伝えました。何度も書いていることですが、私が繰り返しを大切にするのは、こういった言葉かけをするためです。学び合えば、助け合えば誰でも何でもできるわけではありません。失敗から学ぶ、というのも簡単なことではありません。学びのカリキュラム・マネジメントのおかげで、単元『学び合い』以上に、学び直しの機会を設けることができるようになりました。

　5回繰り返す中で、子供たちはだんだんと進歩していきます。文章を書くことが苦手な子は、最初はイラストでスペースを埋めがちでしたが、徐々に文章が増えていきます。書くことが得意な子は、構成を工夫したり、イラストや表を活用したり、より分かりやすい小見出しを考えたりしながら、より詳細な内容を、より読みやすく書くようになりました。得意な子でも1回しか書く機会がなければ、これほど工夫しながら書くことはできないでしょう。

また、このパンフレットの書き方は、社会科にしか使えないものではありません。子供たちは総合的な学習の時間のまとめも、パンフレット作成で学んだノウハウを生かして書くことができていました。

　書き方を活用する場で気を付けていることが、私が先に飽きないことです。何度も繰り返す学習は、子供より先に私の方が飽きてしまう場合があります。子供たちは意外と飽きません。一度、同じ型でどれくらい書けるのか挑戦してみたくなり、何度も繰り返してみたことがあります。「私は、○○について説明します。一つ目は、……」という基本型で同じ子供たちが一学期だけで30回以上書きましたが、飽きずに書き続けていました。この時も、先に飽きてしまったのは、私の方でした。

# 三つの場　その3「書いたものを交流する場」

　もともとは、子供たちの学びの足跡をしっかりと残すために始めた「学習のまとめを書く」活動ですが、これを続けていくうちに、大きな問題が起きました。それは、子供たちが書く量が膨大で、読むことが容易ではないのです。これには本当に参りました。

　もっとも多かった時期は、最初は、毎時間15分間「書く時間」を設けていました。毎日ではなく、毎時間です。6校時の日は最大で15分×6回。一人が1週間で原稿用紙15枚分に相当する量を書いたこともあります。さすがにこれは多すぎました。量よりも質を求めるようにして、毎日ではなく、単元のまとめとしてレポートを書くようにしました。それでも、子供たちはものすごい量のレポートを提出してきます。やはり、私は読みきれませんでした。

　問題が発生した時は、その大小にかかわらず、子供たちの力を借りて解決するのが私のやり方です。この時も私がとった解決策は「私一

人で読めないなら、みんなで読み合えばよい」ということでした。そこで、「書いたものを交流する場」を設けることにしました。簡単に言えば「読み合い」なのですが、

「先生が読むのが大変だから、みなさんが代わりに読んでください」

　というだけでは、子供たちにとってメリットが少なすぎます。子供たちの目にもただの手抜きに映ります。私は、子供たちが読み合う効果を考え、次の二つの場を設定しました。

　一つ目は、一斉に読み合う場です。朝の会の前や隙間の時間を使って互いにレポートを読み、コメントを送り合います。一斉の場を設ける理由を、次のように説明しました。

「友達のレポートを読んで、良い書き方や工夫を真似させてもらいましょう！　様々な人のレポートを読めば読むほど、自分のレポートも良くなっていきますよ。どんどん真似させてもらいましょう！　それに、友達のレポートを読むことが、学習内容の復習になりますよね。テストに向けて、この単元で大切なことは何かを考えながら読みましょうね。もし、間違いや不足があったら、書いた人に教えてあげましょうね。これも、いい復習になりますよ！」

　友達のレポートを読むことで、図や表の使い方を真似して取り入れる子が大勢です。また、

「ここ、違うんじゃないの？」

「え？どこが違うの？」

　というような学び直しも自然に起こります。書く活動は、子供たちの学びの足跡を残すために取り入れたものです。こういう姿を見ていると、その効果は十分に表れていると感じます。

　二つ目は、個別に読み合う場です。レポートを私に提出する前に、数名の友達に読んでもらうように指示しています。

「レポートを先生に提出するということは、一応の完成ということで

す。ただ、完成はしても、完璧ってことはあり得ませんよね。人のやることには、絶対に間違いがあります。だから、他の人に見てもらってから出しましょう。先生の経験上、３人くらいの人には見てもらった方がいいですよ」

　とは言っても、完成したらすぐに出したくなるのが人情のようで、書いてすぐに持ってくる子がほとんどです。私はさっと目をとおし、
「ここ、違っていますね。友達に読んでもらったかな？　読んでもらった方がいいですよ。先生が気付かない間違いもあるだろうから」
と伝えるようにしています。

　レポートは私が評価をした後は、ファイルに綴じていました。そして、月末には、
「今月書いたレポートの中で、一番自信のあるものを廊下に貼りましょう」

　と指示しました。廊下には掲示用フォルダーを用意し、子供たちが簡単に掲示できるようにしてありました。作品は、「読まれる」ことが必要だと考えています。子供たちも読んでもらいたいのです。『学び合い』による授業を参観に来た方や校長先生に、
「これ、読んでください」

　とファイルを渡す子もいました。学級担任を外れ理科専科となった時には、理科室の壁に掲示用フォルダーを用意し、まとめを掲示するようにしていました。

　人に読まれることは、書く活動の効果を高めるために、絶対に必要なことでしょう。でも、一斉に読む場は時間の問題でなかなか十分には確保できません。個別に読み合ったり、掲示を活用したりして、何とか工夫して行ってきましたが、他にもっと良いシステムはないか、さらに踏み込んで相互評価させられないか等、改善の余地が大きいのも、この「書いたものを交流する場」だと感じています。

8　28

題名

私は、豊臣秀吉が一番良いと思います。頭が良いからです。頭が良いと思ってください。

まず、これは検地です。検地は、秀吉が全国統一前、耕している土地の広さ、とれ高などを調べて収入を確かなものにしました。

資料1　検地

他にも、秀吉が行った政策はあります。資料2を見てください。これは秀吉が出した刀狩令です。秀吉は百姓から武器を取り上げ、武士と百姓を区別しました。身分のちがいがはっきりして、この身分の社会ができました。

三臣豊臣秀吉が一番支配する武将だと言える、社会の頭で一番良いのはこの身分の社会でしょう。

資料2　刀狩令

一、諸国の百姓が、刀、やり、鉄砲などの武器をもつことを、かたく禁止する。武器をたくわえ、年貢を出ししぶり、一揆をくわだてて領主に反抗する者は、厳しく処罰される。

一、取り上げた刀などは、京都に新しくつくる大仏のくぎなどにする。百姓は仏のめぐみを受けて、この世ばかりか、死んだ後も、救われるだろう。

六年生社会科の「学習のまとめ」①

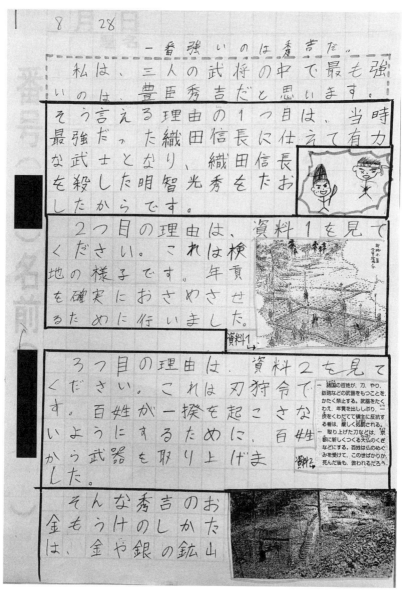

一番強いのは秀吉だ。

私は、三人の武将の中で最も強いのは、豊臣秀吉だと思います。

そう言える理由の1つ目は、当時最強だった織田信長に仕えて有力な武士となり、織田信長をたおした明智光秀をたおしたからです。

2つ目の理由は、資料1を見てください。これは検地の様子です。年貢を確実におさめさせるために作いました。

資料1

3つ目の理由は、資料2を見てください。これは刀狩令です。百姓が一揆を起こさないようにするために、百姓から武器を取り上げました。

戦国の百姓が、刀、やり、鉄砲などの武器をもつことを、かたく禁止する。武器をたくわえ、年貢を出ししぶり、一揆をくわだてて領主に反抗する者は、厳しく処罰される。

取り上げた刀などは、京都に新しくつくる大仏のくぎなどにする。百姓は仏のめぐみを受けて、この世ばかりか、死んだ後も、救われるだろう。

資料2

そんな秀吉のお金もうけのしかたは、金や銀の鉱山

六年生社会科の「学習のまとめ」②

138

を支配したり、物資の流れをつくったりしたりしました。そうしてお金をもうけていきました。

　秀吉は信長を殺した明智をたおしたので、3人の武将の中で最も強い武将は豊臣秀吉といえるでしょう。

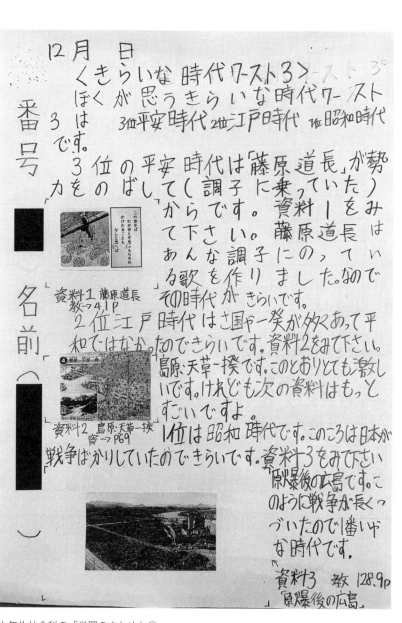

12月 日
くきらいな 時代ワースト3>
ぼくが 思うきらいな 時代ワースト
3は 3位平安時代 2位江戸時代 1位昭和時代
です。

番号

3位の平安時代は「藤原道長」が勢
力をのばして(調子に乗っていた)
からです。資料1をみ
て下さい。藤原道長は
あんな調子にのってい
る歌を作りました。なので
その時代がきらいです。

資料1 藤原道長
教→41P

名前
（

2位江戸時代はさ国や一揆が多くあって平
和ではなかったのできらいです。資料2をみて下さい。
島原・天草一揆です。このとおりとても激し
いです。けれども次の資料はもっと
すごいですよ。
1位は昭和時代です。このころは日本が
戦争ばかりしていたのできらいです。資料3をみて下さい。
原爆後の広島です。こ
のように戦争が長くつ
づいたので1番いや
な時代です。

資料2 島原・天草一揆
資→P69

）

資料3 教128.9p
原爆後の広島

六年生社会科の「学習のまとめ」③

140

12 6

　私が好きな時代は、明治時代です。私が明治時代を好きな理由は、2つあります。
　1つ目は、日本が大きく発展した時代だからです。資料1を見てください。これは明治時代初めの東京の様子です。この頃の日本は文明開化が起こり、人々のくらしの変化の起源となったからです。
　2つ目は、文学で活やくした人物が多い時代だったからです。資料2は与謝野晶子の「君死にたまふことなかれ」の一節です。与謝野晶子は弟が戦争に行く事に対する思いをこの詩にのせて、戦争に反対しました。他にも、中学教師の体験「坊っちゃん」を書いた夏目漱石、下町の生活体験「十三夜」を書いた樋口一葉などが活やくした時代だからです。
この2つの理由から、私は明治時代が好きです

君死にたまふことなかれ

あゝをとうとよ、
君を泣く、
君死にたまふことなかれ、
末に生れし君なれば
親のなさけはまさりしも、
親は刃をにぎらせて
人を殺せとをしへしや、
人を殺して死ねよとて
二十四まで

与謝

六年生社会科の「学習のまとめ」④

## 縦と横二つの効果

　第6章でも書きましたが、『学び合い』には「縦に突き進む」ことも「横に広げる」こともどちらも必要だと考えています。この、教科横断型『学び合い』は、縦・横どちらにとっても有効です。

　縦に突き進む『学び合い』は、どんどん授業の課題をレベルアップさせていく必要があります。この「レベルアップ」というのは、私は「今までは教員の仕事だとされてきたものを、子供たちに委譲すること」だと捉えています。例えば、単元『学び合い』では「時間の管理」という仕事を、子供たちに譲りました。教科横断型『学び合い』の場合は、「課題の具体化」と「評価」の一部を子供たちに譲ることができます。『学び合い』による授業が始まったばかりのころは、「どんなことができなければならないのか」を具体的に示すようにしていました。例えば、「○○の視点から、説明する」「□□という言葉を使って、説明する」「教科書に載っている解き方について説明する」という課題です。課題が具体的だからこそ、私の細かい指示がなくても子供たちは安心して学ぶことができるのです。でも、その安心感が「手抜き」につながらないようにするのが「縦に突き進む＝授業をレベルアップさせる」ということ。私も最初は、いわゆる「発展的な課題」を出すことで対応しようとしていました。発展的な課題を出すことは、理屈の上では正しいでしょう。でも、それを出し続けるというのは、容易ではありません。自分が好きな教科、得意な教科ではある程度、捻った課題や教科書以上のレベルの課題を出せても、全教科でそれを行うことは、私には無理でした。

　けれど、教科横断型『学び合い』では、それをやりやすくなります。「前の単元と次の単元では、こういう点で共通しています。それを踏

まえて、前の単元以上のレポートを書きましょう」

　と求めればよいのです。例えば、四年生の社会科であれば、

　**消防署の仕事についての単元と、警察署の仕事についての単元では、「仕事内容とそこで働く人たちの思いや願い」「地域との連携」の２点を調べることは同じです。この２点がよく分かるようにレポートを書きましょう。**

　**浄水場の仕事の単元も、「仕事内容とそこで働く人たちの思いや願い」について調べます。でも、それに加えて「自分に協力できそうなことについても、レポートに書きましょう」**

　という課題の出し方をしました。「よく分かるようにするには、どうすればいいか」は子供たちが工夫します。この時の子供たちは、図や絵を用いて「仕事内容について、分かりやすくまとめる」という工夫を行いました。中には、

　「図や絵を用いることを求めるのなら、そう明示すべきだ。『図や絵を用いたら A、用いなかったら B』という基準が必要だ」

　「いや、社会科のレポートなのだから、仕事内容をたくさん調べさせるべきだろう。『仕事内容を５個書けたら B、10 個書けたら A』と評価規準を提示すべきだ」

　などと考える方もいらっしゃるようで、評価規準やルーブリックを作成するように助言をいただいたことが何度かあります。けれど、私としては、そういった規準は極力、設定したくないのです。それよりも、子供たちが自分で「こうしたら、もっと良いレポートが書けるんじゃないかな」「僕はこういう工夫をしてみよう」「じゃあ、私はこうしよう」「そのアイディア、真似させて！」と考えられるようになってほしいのです。いつまでも与え続けていたら、子供たちの考える力を阻害してしまうように感じます。

　実際に、この時にも図や絵を用いるという工夫は、私は特に指示を

していません。子供たちの中から生まれ、広がっていったものです。そして、この工夫は理科のレポートへと広がっていきます。理科のレポートでも、図を使って書く子がどんどん増えていきました。私が「広げさせた」のではなく、子供たちが「広げた」のです。

　クラスが変われば、子供たちが行う工夫は変わっていきます。次の年に担任した六年生は、逆に図や絵は減って、文章の量が増えていきました。この違いは、年齢の違いというより、そのクラスのトップランナーの個性の違いのように思います。四年生のクラスは、絵や図を用いるのが抜群に上手なトップランナーがいました。絵や図が流行ったのは、明らかにその子の影響です。六年生のクラスは、調べたことを自分の言葉で分かりやすくまとめ直せる子がトップランナーでした。その子のレポートを読んで、他の子は大きな影響を受けたのでしょう。図や絵も使いますが、それは歴史上の人物の顔や地図など、文章では表しにくいものに限られていました。

　また、「書く活動」は形に残るという良さがあります。大量のレポートは、『学び合い』による授業で子供たちが伸びたことを分かりやすく示してくれます。それによって、私の授業を受け入れてくれる方が増えました。また、私の授業を参観しに来てくださる方が増えたのは、子供たちのレポートの影響だと思っています。私は、

「日本一のクラスになろう！」

　と子供たちに言います。「日本一」というのは、非常に曖昧な目標です。何をもって日本一と言えるのかは、私には分かりません。でも、子供たちが書き上げたレポートを見ると、

「もしかすると、この子たちは本当に日本一かもしれないな」

　と感じます。子供たちも同様なようです。以前、クラスを参観してくださった方が、子供たちに、

「どうして、こんなにたくさん書くの？」

と質問をしました。

「レポートを書くことで、自分の力が伸びたと分かるからです」

「レポートを書くと、分かっていることと、分かっていないことがはっきりして、もっとよく分かるようになります」

というお手本のような答えをした子もいましたが、中には、

「これだけ書くと、自慢できるから！『凄いだろう』って言えるもん」

と言う子がいて、私は大いに嬉しく感じました。子供たちもこのクラスの学びに誇りを持ってくれているのだと思えたからです。

## 学習は何でもつながっているのです

教科横断型『学び合い』を行う中で、子供たちが「教科」の垣根を越えて縦横無尽に学ぶ姿を目にしました。理科や社会科の時間に国語科の教科書や国語辞典を開いていることもありますし、国語科の時間に社会科の教科書を開いていることもあります。算数科と体育科をつなげて、走り高跳びの記録をグラフ化したり、陸上運動の記録を「平均」を求めて他のクラスと比べたりすることもしました。そうやって様々な学習をつなげていくと、教科の違いが曖昧になっていきます。教科横断型『学び合い』を始めた時には、「書き方を学ぶ場」は国語科しかないと思っていました。けれど、実際に授業を続けていくと、理科や社会科の時間に書き方を学んでいる姿をたくさん目にします。私は長く教員を続けているので、どうしても「国語科で書き方や読み方を学ぶものだ」と思い込んでいたのでしょう。子供たちにとっては、国語科だろうが社会科だろうが理科だろうが、それぞれが学ぶべき時に学ぶべきことを学んでいくというのが、よく分かりました。

体育科の保健の時間に、

「私、こんなに作文が書けたの、初めて！」

と嬉しそうに自慢している姿を見ていると、教科の壁なんてどうでも良いことだと感じます。この子は、国語科の「書くこと」の単元で書いた作文は、わずか数行。国語科の「書くこと」の単元は、学期に一度だけ。その単元だけで評定をつけるなら「C」かもしれません。でも、社会科や理科や体育科でもレポートを書いていくうちに、だんだんと書けるようになりました。体育科の時間ですが、はじめ・なか・終わりの構成がきちんと整った文章を、調べて分かったことと自分の意見を区別して書くことができたのです。さて、この子の「書くこと」の評価は「C」が妥当でしょうか。そんなことを考えていると、やっぱり教科の枠なんて曖昧だし、そんなものはないほうがよいと感じてきたのでした。

# 第8章

# 流動型『学び合い』に
# 挑戦しました

## 最初は失敗しました

　教科の枠組みなんて曖昧で、本当は教科で分けて勉強する必要なんてないんじゃないか。そういう思いは、『学び合い』を始めて数か月後には、なんとなく感じていたことでした。きっかけは、単元『学び合い』中に、子供たちが勝手に他の教科を勉強し始めたことです。４月から『学び合い』を始めた三年生が、間も無く一学期を終えようとしている時期でした。国語の授業中、Ｋさんから、
「先生、次の算数の予習をしていいですか？」
　と質問されました。私は常々、
「課題が終わることが、勉強の終わりではもったいないよ。もう一度復習する、次の学習の予習をする、問題を出し合う、まだ終わっていない人を手伝う、友達の間違いを探す、自分の間違いを見つけてもらう、他にも自分がやれることは沢山あるでしょう。どんどん勉強してね」
　と言っていましたので、子供たちは自分でやれることを見つけて学習していました。ですが、それは基本的に「その教科の学習」、つまり、国語の時間なら国語、算数の時間なら算数の学習だったのです。でも、国語の課題が単元の最後まで終わっていたＫさんは、国語の時間に算数の予習をしてよいかと質問してきたのです。私はちょっと迷いました。『学び合い』を始めてまだ数か月でしたから、それまでの常識に縛られていたため、すぐに「いいよ」とは言えなかったのです。それまでは、単元の課題が終わった子には「テストに向けて復習するように」と指示を出していました。けれど、この前日に、私は「予習の大切さ」を語って聞かせていました。
「今までの勉強は復習中心でしたね。でも、予習にもチャレンジして

みましょう。予習することで、友達にすぐに聞いたり、質問したりできますよ」

　そんな話をしたばかりでしたから、駄目だと言えません。むしろ、予習をすることは「全員の課題達成」に寄与しそうです。そう考えて、ちょっと躊躇しつつも、

「いいですよ。その代わり、次の時間はどんどん教えてくださいね」

　と答えました。Ｋさんは席に戻ると、算数の予習を始めました。何人かの子が集まって、

「算数やっていいの？」

「やった！じゃあ、僕もやろう」

　そんな話をしていました。この様子を鮮明に覚えているのは、私が「トップランナーの影響力」を強く実感したエピソードだからです。Ｋさんは学力的には最上位ではありませんでしたが、「一人も見捨てないこと」にかけては間違いなくクラスのトップでした。そのＫさんが国語の時間に算数の予習を始めたことによって、その行為はあっと言う間にクラス中に広まりました。二学期には、このクラスでは、その教科の課題が終わった子は、他の教科の課題に取り組むことが当たり前のことになりました。

　それはまだ「流動型」と言えるほどのものではなく、「違うことをやっている子が数人いる」と言う程度でしたが、「算数の勉強をしている子の隣で、国語をやっている子がいる」姿が、私にも子供たちにも当たり前の光景となりましたし、国語をやっている子が算数について質問されても、何事もなかったかのように答えられることも分かりました。それまでの私は、

「国語の学習をしている時に、算数の質問をされたら、子供は混乱してしまうのではないか」

「違う教科の学習をしている子同士は、質問したり教えたりできず、

つながりが失われてしまうのではないか」

　と思い込んでいたのです。けれど、考えてみれば、単元『学び合い』では、教科が同じでも、それぞれが学習している内容は別々です。みんなが同じことをやっているように見える一斉指導型の授業でも、実際には別々です。教員が出す課題が一つでも、その答えを知っている子もいれば、その課題の意味を掴むのに四苦八苦している子もいるのですから。そう考えると、別々の学習をしていると子供たちが混乱してしまうとか、つながりが失われるとか、そんなことは根拠のないただの思い込みのように思われました。

　そこで私は、二学期の後半に「どの教科をやっても良い時間」というのを作ってみました。

「今日の５時間目は、国語、社会、算数、理科、どの教科を学習しても構いません。自分に必要だと思う学習を自由に選んでやってください」

　という時間です。その時には名前を付けようとは考えていませんでしたが、便宜上、「自由時間割型『学び合い』」と呼ぶことにします。この自由時間割型『学び合い』は、授業の最初に「この時間に何をやるか」をそれぞれが決定してから学習する、というものでした。

　ですが、結論から言うと、この自由時間割型『学び合い』は失敗しました。何をもって授業の成功と失敗を判断するのかは難しいところですが、この授業は子供たちがやりたがらない、という面で失敗だと判断しました。前日のうちから課題を提示しておいたり、グループに分けたりと工夫をしながら、何度か繰り返し挑戦したのですが、子供たちの意欲も集中力も下がっていくのが分かりました。勉強していないわけではありません。それなりに学んでいますし、それなりに聞いたり教えたりはしています。学期末に「どの教科も全て単元が終わっているから、やり残したプリントやドリルをやりましょう。終わった人は発展問題！」というように、ゴチャゴチャと騒がしく勉強してい

る時に似た緩い雰囲気です。これなら、普段の単元『学び合い』の方がよほど学びやすそうです。成果が上がらない授業を続けていくと、だんだんと集団は緩んでいくかもしれません。自由時間割型『学び合い』は止めることとしました。

　その後、私は、このクラスを六年生で再び担任することとなりました。単学級の小さな学校でしたから、転入生以外の子は通算で『学び合い』歴3年目となります。この子たちと教科横断型『学び合い』を行う中で、p.17に書いたように、自然発生的に、「それぞれがバラバラな教科を学んでいる授業」が生まれていきました。自然発生的に生まれた「バラバラの授業」では、子供たちは非常に意欲的に学んでいました。集中力が途切れません。休み時間と授業の区別がつかなくなりました。そのかわり、授業時間にトイレに行く子が増えましたが、それは仕方のないことでしょう。だって、集中して勉強していたら、

　「トイレに行きたいけれど、あと少しでこの問題が分かりそうだ。これを終わらせてからトイレに行こう」

　と言っているうちに、休み時間が終わってしまうこともあるでしょうから。

　では、なぜ、自由時間割型『学び合い』は機能せず、自然発生的にバラバラになった授業は機能したのでしょうか。

## 鍵は「自由」ではなく、「流動」でした

　それぞれがバラバラな教科を学んでいる授業を意図的に機能させるためには、どうすればよいのか。私はずっと考えていました。第1章で書いた、

　「どうして算数をやっちゃいけないんだよ」

　と叫んだAさんのためにも、私の頭の中でイメージしている「バラ

バラと学んでいるようで、ちゃんとつながっている」授業を実現したかったのです。

　試しに、もう一度、Ａさんのいたクラスで、自由時間割型『学び合い』に挑戦してみたこともあります。

「この時間はどの教科をやるか自分で決めてください。やるべき課題は黒板に書いてあります。その中から自分で選んだ課題に、ネームプレートを貼りましょう」

　というのが、この時の課題の出し方でした。これもやっぱり失敗でした。ほとんどの子は、普通に学んでいましたが、普通に学ぶだけなら、今までの教科横断型『学び合い』で十分です。もっと悪いことに、Ａさんは何をすれば良いのか決められず、余計に苦しんでいました。

　仕方がないので、違う日には、算数をやめたくないＡさんに、
「算数を続けてもいいんですよ」

　と伝えてみたのですが、真面目なＡさんは自分が一人だけ違うことをやっている状況は嫌なようで、また苦しめてしまいました。それはそうですよね。「一人だけ別」という状況が平気な人は少数派。Ａさんだけでなく、私も含め、多くの人間は、周囲の影響から無縁ではいられないのだな。そんなことを考えていました。

　でも、何が解決のヒントになるかは分からないものです。この「人間は、周囲の影響から無縁ではいられない」という気づきがきっかけで、自由時間割型『学び合い』が失敗した理由が少し分かりました。「人間は一人一人違う。だから、全員が自分でやりたい学習をすべきだ」というのが、自由時間割型『学び合い』を行う時に私が考えていたことでした。でも、みんな完全なバラバラは不安なのです。「この時間は国語の予習をやろう」と決めても、周囲を見ているうちに「やっぱり算数をやればよかった」「そういえば、社会も終わってないんだった」と後悔したり不安になったりする方が自然なのでしょう。自由時

間割型『学び合い』では、最初に「今日は何をやるか」を決めていました。それを途中で変更することを禁止していたわけではありませんが、奨励もしていませんでした。それに、45分という短い時間では、途中でやることを変更すると、時間が足りなくなってしまいがち。「あれをやればよかった」「こっちもやらなくちゃ」と考えながら学習していた子も多かったことでしょう。私は、

「何をやるかは自由です」

　と言っていたのですが、子供たちにとっては、不自由で不自然な時間だったのかもしれません。

　そこで、今度は、途中で時間割を変えてもよいことにしてみました。そして、時間を45分ではなく、90分（2時間連続）としてみたはずです。「はずです」というのは、この時の授業について、残念ながらちゃんと記録を取っていなかったからです。私は授業記録代わりに、ブログやSNSを利用したり、学級通信を書いたり、写真や動画を撮ったりしているのですが、この時の記録は残っていませんでした。ただ覚えているのは、周到に用意したのではなく、「今ならやれるのではないか」ととっさに判断したことです。時期は、12月でした。これは、この頃の動画が残っているので間違いありません。算数の授業中に、「今日の授業はすごいなあ。このクラスは育ってきたなあ」と感じて、動画で撮影したのです。その動画を撮った翌週くらいに、改良版の自由時間割型『学び合い』に挑戦しました。

「今日の5、6時間目はやる教科を先生は決めません。自分に必要な学習は何かを考え、自分で決めてください。ただし、途中で変えてもかまいません。一つのことを2時間連続でやってもいいです。5時間目は国語、6時間目は算数と分けてもいいです。2時間で三つや四つのことをやってもいいです。自分の力を伸ばすために必要なことをやってください」

そんなことを語ってスタートした記憶があります。

やはり、途中で変えて良い、というのは重要だったようです。この授業を何度か試してみる中で、自由時間割型『学び合い』よりも、子供たちは自然に学んでいるという手応えを得ました。

これも、自分自身に置き換えてみればすぐに分かることです。仕事の前に計画を立て、その計画外のことをやってはいけない、と言われたら、働きにくくて仕方ありません。ある程度の計画性はあった上で、やることも、やる場所も、相談する相手も臨機応変な方が断然働きやすいでしょう。

子供たち自身が何を学ぶのかを選択する授業をしてみようと考えた私は、それぞれが何をやるか計画し、それを共有する必要があると予想していました。

そこで、「何をやるか決め、黒板にネームプレートを貼る」という活動を授業の冒頭に設定しました。けれど、それは子供たちにとっては邪魔だったのです。

私は「自由に選んでいい」と言いながら、不安も抱いていました。「何をやるか決められない子がいるのではないか。そういう子がいたらどうしよう。そうだ、誰がまだ決まっていないか分かるようにしよう。そのためにネームプレートを貼ろう」そんな風に心配していました。その心配は、子供たちにとっては「何をやるかしっかり決めなさい！」という無言のプレッシャーとなって降りかかっていたのでしょう。でも、私が「途中で変わってもいいよ。あなたたちならできるよ」と思えるようになったことで、プレッシャーが緩んだのです。

とは言え、流動型『学び合い』も、最初から順調だったわけではありません。

図工室や理科室など特別教室を使う場合には、他のクラスとかち合わないようにしなければなりません。また、実技教科は安全管理の問

題もあります。そして何より、時数の計算に頭を悩ませました。子供たちがバラバラのことをやっている時間をどう計上すればよいのか、非常に迷いました。時数については、当時の校長先生と相談し、学習指導要領上の標準時数は満たした上で余剰時数を活用する、ということにしました。

　安全管理については、子供たちに正直に伝えることとしました。例えば、火を使う理科の実験や、刃物を使う図画工作科の制作は、クラス全員で行うことにしました。体育も同様です。体育もクラス全員で行うことにしました。そういう細かいきまりを子供達と相談しながら、流動型『学び合い』を進めていきました。

　クラスの一部の子は、毎日の授業を流動型『学び合い』にして欲しかったようです。そういう子は、学力面でも関わり合いの面でも、非常に力のある子です。

『学び合い』による授業は、１時間１課題のものであっても、かなり自由度が高いものだと思っていました。でも、力のある子にとっては、それでも窮屈なのでしょう。力のある子ほど、自分のペースでどんどん学習を進めたいのだということが分かります。そういうトップランナーの子には、

「先生、今度はいつ、自分で時間割を変えられる日にするんですか」

　と何度も質問されました。トップランナーが支持していることは、じわじわとクラス全体へ広まっていきますから、流動型『学び合い』は、私のクラスにはなくてはならないものになりました。Ａさんも安心して、自分が納得するまで学ぶことができるようになりました。不思議なことに、流動型『学び合い』でない時であっても、Ａさんは段々と気持ちの切り替えが早くなっていきました。普段から、次の授業へとさっと移れるようになったのです。その理由は私には分かりません。多分、Ａさん自身にも分からないでしょうけれど。

## 流動型『学び合い』が成立する条件を
## 考えてみました

　次の年度以降も、他のクラスで流動型『学び合い』に挑戦してきました。機能した時もあれば、あまり機能しなかった時もありました。「機能した」というのは、「子供たちが自然に学べていた」と言い換えることもできます。流動型『学び合い』で学んでいる姿は、とっても自然です。子供たちが、

「僕は漢字の学習をしよう」

「じゃあ、僕も混ぜて」

「私は算数やろうかな。ねえ、一緒にやらない？」

「私は理科のレポートが終わっていないから、そっちをやりたいんだよね」

　と会話している様子は、まるで遊びの相談をしているかのようです。肩に力が入っていないけれど、内容は充実しています。テストでも点を取ります。レポートもどんどん書きます。私はその自然な姿を「息を吸うように学び、息を吐くように成長する」と表現しています。

　一方、残念ながら「機能しなかった」こともあります。それは、多くの子供たちが「何をすればいいか決められない」という状況になってしまったのです。他の子が、

「じゃあ、一緒にやろうよ」

　と誘ってくれますが、決められない子が多いと、誘う側がフォローしきれなくなります。そういう時には、無理に流動型『学び合い』を行わないようにしていました。

　流動型『学び合い』は、特別な「準備」は不要です。

「今日の授業は、何時間目に何をやるかも、自分たちで決めましょう。

どの教科からやるか、どんな順番でやるかも、自分で決めて構いません。遅れている教科がある人は、一つの教科をずっと続けてもかまいません。元々の時間割表どおりに進めても構いません。重要なのは、自分の力を伸ばすために何が必要かを自分自身で決めたり、トラブルを自分たちで防ぐことや解決することができたりすることです」

という話をして、あとは子供たちに任せる、というシンプルな授業です。

では、流動型『学び合い』が成立するには、何が必要なのでしょうか。簡単に言えば『学び合い』歴が長いクラスの方が機能するのですが、では、『学び合い』歴が長いクラスは、短いクラスと比べて、何が違うのでしょうか。

私が考える必要なものの一つ目は、「ゆるやかで多様なつながり」です。これは、高学年の女子によく見られる「いつでも一緒の仲良しコンビ」の真逆だと思っていただけるとイメージしやすいかもしれません。休み時間にはいつも一緒。トイレにも手をつないでいくような仲良しコンビ。それが固定的なつながりです。ゆるやかというのは、いつでも離れられる、ということ。仲良しの友達がいること自体は悪くありません。でも、仲良しの友達だけとしかつながれないことは大問題です。仲良しの友達と学んでいても解決できない問題があったら、いつでも他の友達に聞きにいける、そういう多様性が必要です。多様なつながりが必要なのは、流動型『学び合い』において自分が何をすべきかを判断するために、周囲との比較が重要だからです。流動型『学び合い』の授業を参観してくださった岩瀬直樹さんはそれを「進捗状況の相互モニタリング」と名付けてくださいました。「いつも一緒」の仲良しは、基本的に自分と同じことをやっていますから、モニタリングの相手としてはあまり役に立ちません。仲良し以外の友達とつながっていることで、自分がやっていることが「周囲と比べて遅れてい

る・進んでいる」という判断が可能になります。例えば、算数の学習では、「あと何時間でこの単元を終わらせられるか」というのは予測がつきにくいものです。算数の教科書は、5分もあれば1ページを終えられる内容のこともあれば、練習問題が多くて1ページに20分、30分を要することもあります。そういった見通しは、先に進んでいる他の子の様子を見ることで明らかになります。子供たちは、

「今、何やっているの？」

「どんなことやっているの？」

と頻繁に質問をし合っています。相互モニタリングは、量的にも質的にも豊富な関わり合いの経験があってこそ可能です。関わり合う経験は、1時間1課題の『学び合い』の時からずっと積み重ねてきました。毎日、毎時間、より多くの友達と関わり合う経験を積み重ね、適切な距離感を測れるようになったのだと思います。

　二つ目は、子供たちが自分でできる評価です。岩瀬さんの表現を借りるなら、「学習成果の自己モニタリング」とでも言えるでしょうか。私のクラスでは、それをテストと学習レポートで行っています。点数の分布を使った教員による見取りについては第5章に書きましたが、それだけではなく、子供自身が、点数によって自分の理解具合を確認できます。分かった、分かっていないがはっきりするのがテストのよいところです。子供自身が確認できるということは、学び方の修正を子供自身ができるようになるということでもあります。しかも、ワークテストは年度内で何十回も実施します。それだけ確認と修正を繰り返すことができるというわけです。

　しかし、テストは勘で書いても当たってしまうのが残念なところ。正解はしたけれど、本当は分かっていない、そういう場合もありえます。そこで、レポートが生きてきます。レポートは勘では書けません。分かっていないのに書こうとすると、教科書や資料の丸写しが増えま

す。それは一見正しそうに見えますが、分かっていないのに写していると、見当違いの部分を写してしまうのです。書くのも読むのも時間はかかりますが、繰り返し書くうちに分かったふりが炙り出されます。自分の学習状況を判断できるほど豊富な学習レポートを書けるのは、学びのカリキュラム・マネジメントと、それに基づく教科横断型『学び合い』のおかげです。

　三つ目は、クラス外とのつながりです、相互モニタリングも、自己モニタリングも基本的にクラス内の閉じたつながりです。相互モニタリングで「クラスの中では遅れていないな」と判断しても、それはあくまでクラス内でのこと。もしかしたら、他のクラスと比較したら、大幅に遅れているかもしれません。また、学習の理解も「前よりは分かってきたな」と感じても、それもあくまで自分の中でのこと。もちろん、それはそれで重要なことですが、他の学校や他のクラスと比較したら、理解不足かもしれません。これらの状況を避けるには、クラスの外とのつながりが必要です。私が大切にしているのは、まずは学習指導要領です。学習課題は指導要領と各教科の解説を基にしてつくります。そうすることによって、公教育としての最低基準は満たすことができるでしょう。また、地域で教員向けの学習会を行ったり、各地の研究会で発表したり、授業を参観していただいたり、こうして原稿を書いたりするのは、私を通して、地域の他校や日本全国のクラスとつながるためです。それによって、「あなたたちの学びは、他のクラスの手本になれているよ」と伝えることができます。本当は、私を通してではなく、子供たちが直につながれればその方が良いのですが、校外とはなかなか定期的につながれません。子供たちが直につながるなら、校内で他の学級と合同『学び合い』を行うことが有効です。他のクラスの良い点、頑張っている点を見ることによって、子供たちは自分たちの学びの不十分な点に気づきやすくなります。

四つ目は、問題解決の経験です。クラス内の問題は多いより少ない方が良いとは思います。でも、数十人の子供たちが活動して、何のトラブルも起きない、ということがあり得るでしょうか。ない、と断言します。どんなに知恵を絞っても、トラブルのないクラスはつくれないと思っています。それを目指すよりも、トラブルを乗り越え、同じことが起きないように工夫をしていき、また起きたらさらに良い方法で解決していく、そういう知性と逞しさをもったクラスをつくる方が、私には楽しそうで、わくわくします。子供たちだって同様ではないでしょうか。

　もしかしたら、まだ私の気付いていないものがあるのかもしれませんし、余計なものが含まれているのかもしれませんが、今のところは、流動型『学び合い』を支えているものは、この4点だと考えています。

## 流動型『学び合い』の1日

　流動型『学び合い』で最も楽しいのは、丸1日を任せた時です。朝の会から帰りの会まで全て子供たちに任せると、良い面もいまいちな面も、よく見えます。それが非常に楽しいのです。では、流動型『学び合い』の1日がどんな様子か、ご紹介します。ただし、これから書くのは、全て1日で起きたことではありません。別の日のエピソードを並べて書いていることをお断りしておきます。

　毎朝、私は1日の予定について確認をします。

「今日は時間割をみなさんに任せる日です。今日は1時間目から6時間目まで、任せます」

　そう言うと、一部の子供たちから小さな歓声が上がります。

「何か質問はありますか」

　と聞くと、手が挙がりました。

「はい。音楽室が使えるのは何時間目ですか」

「3時間目はこのクラスの配当なので、間違いなく使えます。他の時間は、他のクラスが使うかもしれません。あとは、質問はありませんか。では、どうぞ」

　子供たちは各々動き出します。すぐにグループをつくる子もいます。一人で考えている子もいます。時間割について相談する子もいます。ごちゃごちゃと動いているのは、最初の2〜3分です。一人、また一人とやることが決まり、学習に取りかかります。

　私は提出物に目を通しながら、子供たちの様子を眺めています。近くに行かずとも、良い学習ができている時とできていない時の区別はつきます。声のトーンが違うからです。いい勉強ができている子を見かけたら、カメラを取り出して撮影します。静止画の時もあれば、動画の時もあります。特に使い分けているわけではありませんが、「姿」や「成果物」に感心した時は静止画を、「声」や「動き」が素晴らしい時には動画を撮る場合が多いと思います。

　子供たちも、私の様子を見ています。見ていないようで見ています。特に「余計なこと」をしている時ほど、私の様子を気にしています。そんな時に目が合ったら、ちょっと意地悪く、

「私が何も言わなくても分かっているでしょう」

　と言う程度で収めるように心がけています。こういう時に長々と説教をしても効果は薄いと分かっているからです。それでも時々、余計なことを言ってしまうのですけれど。子供たちは、本当によく私を見ています。一度、驚いたことがあります。その日は、たまたま授業の様子をビデオカメラで撮影していました。なるべく全体が映るように、教室の隅に三脚を立てて撮影しました。その映像を見ると、子供たちは非常に集中して学習しており、私を気にしているようには見えません。私も子供たちが提出したレポートを黙って読んでいました。その

時、中庭に下級生が出てきました。私はボソッと、

「あれって、何やっているのかな」

　とつぶやきました。すると、その瞬間、クラスのほぼ全員がものすごい勢いで、一斉に中庭を見たのです。後から映像で見返して、心底驚きました。私のつぶやきを子供たちは聞き逃さないのです。あんなに集中して学んでいたのに、いや、集中していたからこそかもしれませんが、とにかく、子供たちは五感を使って私を観察しているのだということが分かりました。

　私の言葉を聞き逃さないのですから、友達の言葉も聞き逃しません。子供たちはバラバラに学んでいるようで、やっぱりつながっています。レポートを書いていたしさんがつぶやきます。

「ギモンのギってどう書くんだったかな」

　特定の誰かに質問したわけではありません。でも、その言葉を受けて、周囲の子が次々に口を開きます。

「『疑う』って字だよ」

「左上にカタカナのヒを書いて、矢印の矢を書いて、隣にカタカナのマを書いて、右下は、予定の定に似たようなやつを書くんだよ」

「(空書きをしながら)こう書くよ」

「ドリルに載っているんじゃない」

　しさんは、

「ありがとう」

　とお礼を言って、続きを書き始めます。他の子も勉強を続けます。実はこのしさんは、友達に「聞く」ということが苦手でした。以前は分からないことがあると、私以外には聞けませんでした。でも、分からないことがあったら、それを隠さず口に出せるようになりました。そして、それに応えてくれる仲間ができたのです。漢字が分かること以上に、そういう仲間を得ることが大切でしょう。

162

授業終わりのチャイムがなると、いつも、

「終わりだよ」

　と声をかけるのはMさんです。Mさんは、何事も時間どおりに進めて欲しいタイプ。授業が伸びて休み時間に食い込むと少々イライラしてしまいます。でも、流動型『学び合い』ならチャイムと同時に自分で終われます。イライラすることはありません。

　逆にNさんは休み時間になっても学習を続けています。Nさんは、

「私は、算数で100点を取ったことがありません」

　と言っていました。私は、

「大丈夫。みんなの助けがあれば、きっと取れるよ」

　と励ましました。Nさんはみんなに助けてもらいつつ、自分でも一生懸命に学習を続けました。自分で「ここまで」と決めたところが終わらない限り、休み時間になっても手を休めることはありませんでした。ちなみにその後、Nさんは回数はそれほど多くありませんが、算数で何度か満点（裏もあるので150点）を達成することができました。

　2時間目も終わり、3時間目になりました。〇さんがみんなに声をかけます。

「3時間目は音楽室が使えるから、みんなで練習しようよ」

　音楽の授業では、次の時間に合奏の動画を撮影することになっています。その練習をしようという提案です。

「合奏してもいいけど、ちょっと練習してからがいいな」

「じゃあ、何時から合奏しようか」

「40分からでどう」

「みんな、40分になったら音楽室に集まって合奏するってことでいいかな」

　すぐに音楽室に行って個人練習をする子もいますが、教室に残って

他の学習をしている子もいます。こういう時、担任としてはちょっと困ります。教室に残るべきか、音楽室に行くべきか。ただ、ありがたいことに、この当時の校長先生は、子供たちだけで音楽室で練習することを許可してくださっていました。もちろん、安全面で問題が出そうな場合は、全員で行うようにしていましたが。

　さて、40分になりました。数人が教室に残っています。すると、発案者の〇さんが呼びに来ました。

「音楽室で合奏したいんだけど、いいかな」

「あ、ごめん。時間だったんだ」

「今行くね」

　そうして、残りの時間はみんなで合奏の練習。私はそれも撮影しながら見ているだけです。こういう時、以前は「全員でやらなきゃだめ」「私はやりたくない」とケンカしてしまうこともありました。そういう時には私は、

「ケンカしたら、お互いに嫌な気持ちになるよね。じゃあ、2人とも嫌な気持ちにならないために、自分にできることは何かな」

　と声をかけてきました。その繰り返しの中で、徐々に折り合いをつけられるようになってきました。

　給食を食べ、午後。何事もなく過ぎていく日もありますが、時にはちょっと集中できない日もあります。おしゃべりが多かったり、手が止まっていたり。そういう時には、放っておくわけではありません。声をかけます。私がよく使う言葉は「損なことしないでね」や「もったいない」です。

「せっかく力を伸ばすチャンスなのに、損なことしないでね」

「みんなならもっとできるでしょう？自分で選べる時間を生かさないなんて、もったいないな」

　以前は長々としゃべることが多かったのですが、年々短くなってき

ました。長くしゃべるのは年に数回。しゃべりたいことはたくさんあっても、できる限り「出し惜しみ」します。それでも、どうしても伝えたいことだけをしゃべります。いつも長々としゃべっていては聞いてもらえません。

　おしゃべりが多かったり、手が止まっていたりする時は、大抵、ずっと同じメンバーで学んでいます。いわゆる「仲良しグループ」です。どんなに仲が良くても、「学びたいこと」や「学ぶべきこと」が一日中同じということがあり得るでしょうか。固定的なグループは、どこかで相手に無理に合わせているのです。それでは、やりたいことができませんから、集中力がどんどん下がり、学びから離れて、おしゃべりが増えてしまうのでしょう。でも、本当のチームならちょっとくらい離れても何の心配もないはずです。また必要な時には一緒にやればいのです。授業の中で試しにちょっと離れてみる［練習］ができるのです。

　帰りの会では、１日を振り返ります。自分が頑張れたこと、頑張れなかったこと、真似したい友達の言動。そういったことを書き記しておこう、と伝えています。

　流動型『学び合い』の１日は、ゆったりと過ぎていきます。そのゆったりとした時間の中で、子供たちは、私に頼ることなく、自律的に過ごしているのです。もちろん、全ての子が毎回、順調に学べるわけではありません。時には、

「何をやろうかな」

　と悩んだまま時間が過ぎてしまう場合もあります。そういう場合も、私はできるだけ待ってあげたいのです。私が「これをやりなさい」と指示すれば、その子は悩まなくてすみます。けれど、それが本当に良いことでしょうか。子供たちはいつも急かされています。何事もスムーズに間違うことなく進むことが「善」で、迷ったり、失敗したり、後

戻りしたりすることは「悪」だと教えられてもいます。でも、子供たちが育っていく途中には、迷うことも、失敗することも、後戻りすることも必要だと思うのです。これらの経験を経るからこそ、子供たちは徐々に自律していくのだと感じます。

## 「流動型」と自律性

　私は教員生活で8回、六年生担任を経験しています。その中で、中学校に進学した卒業生が、悩み相談に訪れることが何度もありました。いじめにあっている、友人関係に悩んでいる、学校に行きたくない。そんな相談です。20代の頃の私は未熟で愚かで、卒業後も相談に来てくれることに少なくない喜びを感じていました。もちろん、相談に来た子を心配する気持ちがほとんどを占めています。また、理不尽な状況に追い込まれている場合には頭にきましたし、学校長を通して中学校に連絡をしてもらったこともあります。

　けれど、心の片隅には、

「自分は中学校の先生よりも"いい先生"だと思われているのかもしれない。だから、わざわざ小学校に相談に来たのだ」

　と感じていた面があることも否定できません。でも、経験を重ねる中で、その誤りに気付きました。どんなに心配しても、怒っても、私は子供たちと一緒に中学校生活を送ることはできないのです。私が目指すべきは「いつまでも子供たちに頼られる先生」ではなく、「私に頼らなくても大丈夫な集団を育てられる力量」を身に付けることなのです。まあ、若手教員が陥りがちな誤りに私も陥り、若手教員なら誰でも気づくべきことにやっと気づいただけ、とも言えます。でも、それに気づいて以来、私なりに本気で「担任に頼らないクラスづくり」に励んできたつもりです。

その目標が少しずつ達成できるようになったと、流動型『学び合い』を見ている中で実感しました。「子供たち自身で決める」範囲がどんどん広がっていったのです。

　例えば、ある日、3時間目に体育が予定されていました。子供たちは登校後、

「3時間目に体育をやるのは嫌だね」

「4時間目にものすごくお腹が空くんだよね」

「体育が終わったら、すぐに給食を食べられる方がいいから、4時間目に体育を移動しよう」

「みんな、体育は4時間目にしたいんだけどいい？」

「えー、私は早くやりたいな」

「そこを何とかお願い！」

　こんな相談をしています。でも、4時間目には、他のクラスが体育館を使用する可能性がありますから、自分たちで勝手に変更するわけにはいきません。でも、子供たちは、私に相談しに来ませんでした。どうするかと言うと、他のクラスに聞いて回るのです。

「4時間目に体育館を使用する予定はありますか？」

　と。そして、どのクラスも使用しないことを確認した上で、私に報告をします。

「先生、体育は4時間目にしたいです」

　そこまでされたら、私は、

「分かりました」

　と答えるしかありません。

　また、こんなこともありました。

　四年生の算数では、「小数のかけ算とわり算」の学習があります。算数が比較的得意な子は、小数点の処理の仕方が分かれば、簡単に筆算をすることができますが、かけ算やわり算の筆算が十分に身に付い

ていない子にとっては、苦しい単元です。この単元の最後には、小数のかけ算とわり算のやり方と、どうして小数点を移動するのかを説明するレポートを提出するという課題を設定していました。多くの子供たちは教科書の内容を終えて、レポートを書いています。けれど、苦手な子は、教科書の問題もなかなか終わりません。そんな状況の中、Pさんが、私のところに来て、こう質問しました。

「先生、この単元はレポート出さなくてもいいですか」

こういう「質問」は質問のようで質問ではない場合があります。Pさんは算数が非常に得意な子ですし、説明も上手です。レポートを書けない、ということは考えられません。きっと「レポートを出さなくてよいか、悪いか」以上の答えを求めているのだと感じて、私は、

「何かあったのかな」

と聞きました。すると、Pさんから私が想像もしていなかった言葉が返ってきました。

「ぼくはレポートも終わったんです。でも、Qさんはまだ教科書の問題ができていません。レポートを書くのを助けようかと思ったんですけど、それよりも、もっと練習問題をやった方がいいと思って」

という答えでした。私は感激し、こう答えました。

「私がみんなに求めていることは、自分たちの幸せのために、自分たちのことを自分たちで考えて行動できるようになることです。私が出した課題よりも、もっとやるべきことがあるとあなたが考えたのなら、賛成しますよ」

「じゃあ、レポートが出せなくてもいいですか。それとも、後から出した方がいいですか」

「それも任せますよ」

「分かりました」

Pさんはしさんのところに戻ると、

「レポートを書くのは、やめよう。それよりも、まずは計算のやり方を覚えちゃおうよ。ここの問題を解こう」

と声をかけました。

「うん。分かった」

とQさんは答え、一緒に問題を始めました。

　単元の最後までQさんは計算練習を続け、結局、レポートは出せませんでした。でも、「出さない」という決断を下してくれたことを嬉しく思います。私は、「先生の言うことをよく聞くクラス」を育てたいのではありません。私に頼ることなく、「自分たちで考え、行動するクラス」になって欲しいのです。PさんとQさんは、必要な学習は何かを自分たちで考え、私の出した課題を「却下」するという行動してくれたのですから、教師冥利に尽きる、とはこういう時に使う言葉なのでしょう。

　そうは言いながら、普段の授業では、私は子供たちにあれこれとたくさんの指示を出します。指示を出すということは、言うことを聞かせようとしているわけです。『学び合い』という理論に出会い、「子供たちに任せることが大切だ」と言いつつ、弱い私は、どうしても子供たちをコントロールしようとしてしまいます。「私に頼らないクラスをつくりたい」と願っていながら、そのクラスをつくる主体は「私」です。私がつくった「私に頼らないクラス」は、本当に私に頼らないのでしょうか。私がいなくなったら、「私に頼らないクラス」は崩れてしまうのではないでしょうか。それは「私に頼らないクラス」なのでしょうか。この矛盾から逃れられず、日々、グルグルと迷いながら進んでいます。

# 第9章

# 次の『学び合い』は
# どんな姿？

# 時間を長くしていくだけでいいのか

　今までの私の取り組みを整理すると、

①　１単位１課題の『学び合い』

②　複数時間の『学び合い』

③　単元『学び合い』

④　教科横断型『学び合い』

⑤　流動型『学び合い』

と、徐々に任せる時間を長くしてきました。次はどんな授業が考えられるでしょうか。時間的に長くしていくだけなら、「複数単元『学び合い』」や「学期丸ごと『学び合い』」が思い浮かびます。単元『学び合い』をやっていると、私が何も指示をしなくても勝手に次の単元の学習に進む子も大勢いますから、複数単元『学び合い』は、すでに行われているとも言えます。同じような流れで、学期全ての単元を任せることもイメージできます。

　けれど、私の中で「コントロール欲求」が生じて、ストップをかけてしまうのです。

　クラスの中には、どんどん先に進みたい子がいます。そういう子は、自分が理解できているかどうかは別にして、先へ先へと進んでいきます。前年度までは授業中に椅子に座っていることも難しく学習に参加できなかった子が、『学び合い』の授業、とりわけ単元『学び合い』の授業だと生き生きと学習する場合があります。そういう子が、典型的な「先へ先へタイプ」です。先へ先へタイプの子がいるから、単元『学び合い』は機能しますし、そういう子は勝手に次の単元に進んでくれます。クラス全体の学習スピードも上がっていきます。けれど、早いだけでは力が伸びません。先へ先へタイプの子は、スピード最重視、

理解できたかどうかは二の次なので、間違いも多いのです。過去に出会ったRさんは、

「間違っているよ」

　と言われても全く気にしない子でした。前年度までは授業中に教室内を散歩し、誰彼構わずおしゃべりをしたりケンカをしたりしていたそうですが、『学び合い』では座っていられる時間が増えました。算数で単元『学び合い』が始まると、誰よりも先へと進みます。上の教科書がさっさと終わり、一学期中には、

「先生、早く次の（下の）教科書をください」

　と言うような子でした。でも、単元のワークテストはいまいちです。だって、理解することよりも先に進みたいのですから、そうなりますよね。Rさん自身も、自分が分かっていないことは分かっています。それでも、先に進みたいのです。だから、

「ここが違っているよ」

　と伝えても気にしません。さらには、他の子がその単元が終わるころには、分かっていたこともちょっと忘れています。テストの点数は上がらなくて当然と言えるでしょう。それでも、前年度と比べれば悪くありませんから、このままでもよいのかもしれません。

　けれど、ここで私が少しばかり「コントロール」すれば、Rさんのテストの点数を上げることができます。方法は簡単です。単元の中に、点数に結びつく課題を配置すればよいのです。私がよくやるのは、テストで間違えそうな問題を出したり、定着のための練習問題を入れたりします。テストの前には「確認問題」を出すこともあります。こういう活動を位置付けるには、子供たちの進度がある程度揃っている方がやりやすくなります。バラバラの子供たちをコントロールするのは難しいからです。私の場合は、「同じ単元」という程度に揃っていれば、「ここでこの問題を出そう」「こういう練習問題をこれくらいの量

は用意しておこう」「このタイミングで確認問題を出して、学び直しをさせよう」とコントロールすることが可能です。これによって、子供たちの点数はグンと上がります。Rさんも得意な算数のテストでは何度も満点を取ることができました。点数が上がるだけではなく、意欲も増しましたし、「理解する」ということにも意識が向き始めました。私が担任ではなくなり、一斉型の授業を行う教員が担任に代わった後も、以前よりも学習に取り組める時間が増えました。そういう姿を見ていると、私がコントロールすることを肯定したくなってしまいます。また、ビジョンもなく闇雲に「長い時間を任せればいいんだ」と考えてしまうと、『学び合い』ではなく、ただの放任になってしまうようにも感じます。

　今後、もっと長い時間を任せる『学び合い』に取り組んでいくかどうか。私にはまだ、答えを出せずにいます。

## 課題も自分たちで考える「質問づくり」の授業

　任せる時間を伸ばしていく以外に、授業を進化させる手立てとして、「課題」と「評価」を変えようと考えています。課題づくりの面で私が実験的に取り組んでいるのが「質問づくり」の授業です。これは、『たった一つを変えるだけ』（ダン・ロスステイン、ルース・サンタナ著　吉田新一郎訳　新評論）で紹介されているメソッドを使って、学習課題をつくるものです。これを岩瀬直樹さんに教えてもらい、本を読んで挑戦しました。

　初めて質問づくりに取り組んだのが、四年生の国語科「ごんぎつね」の単元でした。全6時間の授業を次のような流れで行いました。

四年生　国語科　「ごんぎつね」

## ● 1時間目……なぜ「質問づくり」をやるのかという目的と、質問づくり

　まず、今までの『学び合い』でどんどん授業をレベルアップさせてきたことを振り返りました。その上で、次の段階として、

　「今までは教員が提示してきた学習課題も、自分たちでつくって欲しいと思っています。自分たちで課題をつくり、自分たちで学び合って解決する。それができれば、クラス全体がレベルアップするし、日本一に近づくと思いませんか」

　と伝えました。子供たちの反応は上々。やる気十分です。前述した本の「質問づくり」では、子供が質問をつくるための手順として、7段階が示されているのですが、その説明を、ほとんどの子供たちが食い入るように聞いていました。その上で、「どこが難しそうか」話し合いました。子供たちからは、

　「たくさんの質問を考えるのが難しそう」

　「そんなにたくさんつくれるかな」

　「いや、そこから三つに減らすのが難しそうだよ」

　といった意見が出されました。

　そのあと、グループに分かれて、質問づくりが始まりました。質問づくりは教員が決めた「質問の焦点」を知ることから始まります。質問の焦点とは、「生徒たちが質問をつくり出すための引き金（『たった一つを変えるだけ』p.57）」です。私は、「ごんぎつね」の質問の焦点として、「ごんは幸せだ」という言葉を設定しました。

　これをもとに、子供たちは質問をつくり出します。まずは、できるだけたくさんの質問を考える時間です。この時には四つのルールがあります。

　①できるだけたくさんの質問をする。

　②質問について話し合ったり、評価したり、答えたりしない。

③質問は発言のとおりに書き出す。

④意見や主張は疑問文に直す。

というものです。子供たちはこのルールに則（のっと）り、質問を画用紙に書き出していきました。私は、基本的には口出しをせず、ちょっと遠巻きに眺めながら、その様子を見ていました。子供たちがたくさんの質問を考え、１時間目が終了しました。

〈子供たちがつくった「質問」の数々〉

・ごんは幸せだ
・ごんは幸せの理由は、どこにあるのか。
・ごんは本当に幸せなのか。
・ごんは、いつ幸せになったのか。
・ごんは、どのような幸せなのか。
・ごんは、なぜ幸せなのか。
・ごんは、どこで幸せになったのか
・ごんは、どうして幸せになったのか
・ごんは、だれのおかげで幸せになったのか。
・ごんは、どのくらい幸せなのか。
・ごんは、なんで幸せなのか。
・ごんは、なんで幸せになったのか。
・ごんは、おいしい食べ物を食べて幸せになったのではないのか。
・ごんは、かないことはないのか。

・ごんは なぜしあわせなのだろうか
・ごんは いつしあわせになったのだろうか
・ごんは なにがしあわせなのだろうか
・ごんは どれくらいしあわせなのだろうか
・ごんは たれがしあわせにしたのだろうか
・ごんをしあわせにしたのはたれなのだろうか
・ごんは たまたましあわせになったのだろうか
・ごんは 本当にしあわせなのだろうか
・ごんは どこでしあわせなのだろうか
・ごんは、どこからしあわせになったのだろうか
・ごんは、どうしてしあわせなのだろうか
・ごんのしあわせな理由は なんなのだろうか
・ごんは どんなふうにしあわせになったのだろうか
・ごんは どういう気持ちでしあわせになったのだろうか
・だれか人がいたからしあわせなのだろうか
・ごんは だれかにやさしくしてもらったのか。
・ごんは、かなしいことはないのか
・ごんは だれかに物を与えてもらったからなのか
・ごんは だれかをたすけてしあわせだったのか
・ごんは たまたまうかったからしあわせになったのか

・ごんは幸せだ
・ごんはなんで幸せなの
・ごんは幸せだろうか
・ごんはなぜ幸せなの
・ごんはどういう理由で幸せなのか？
・ごんは本当に幸せなの？
・ごんはどうして幸せなのか？
・ごんが幸せになったことはどこにあるのか
・ごんの幸せの理由は？
・ごんはどうやって幸せになったのか？
・どうしてごんは幸せなのか？
・ごんはなんで幸せなのか？
・ごんはうなぎをとってたべられたのにどういう幸せなのか？

・ごんは、うれしいことはないのか
・ごんは、手つだいをして幸せになっただろうか
・ごんは 兵十をかわいそうだと思わないのか。
・兵十は幸せなのか。
・ごんは、こまったことはないのか。
・一番幸せなことはないのか
・ごんは、兵十につれていてほしいと思っていてはないのか。
・ごんは、兵十のおかげで幸せになったのか
・兵十は、ごんが食べ物をもってきてくれたから幸せだのか。

176

## ● 2時間目……質問を書き換え、優先順位を決める

　2時間目には、まず前時に書いた質問の中で、「閉じた質問」は「開いた質問」に、「開いた質問」は「閉じた質問」に書き換える活動をしました。閉じた質問とは、「はい・いいえ」や「一言」で答えられる質問です。例えば、「りんごは好きですか」は「はい・いいえ」で答えられますから、閉じた質問です。「ここにあるりんごの数は何個ですか」も「1こ」「2こ」と一言で答えられますから、閉じた質問です。開いた質問とは、「はい・いいえ」では答えられない質問です。

　例えば、「なぜ、青森県では、りんごの生産が盛んなのですか」は「はい・いいえ」では答えられませんから、開いた質問です。これは、どちらがよい、というわけではありません。子供たちにも、それぞれの長所と短所について話し合ってもらいました。その上で、閉じた質問と開いた質問の書き換えを行うことで、子供たちは、

「閉じた質問が多いから、開いた質問をもっと考えよう」

「これ、閉じた質問にした方が分かりやすいんじゃないの」

というように、意図を持って考えることができました。

　質問を書き換えたあと、質問に優先順位をつけました。この後に、実際に物語の読み取りを行う中で使用する質問を三つ選ぶ活動です。選ぶ基準は、この単元の目標を達成するために、「登場人物の心情の変化を読み取るのに適したもの」としました。三つのグループで、次の質問が選ばれました。

1　ごんは、兵十がいなかったらどんなふうになっていたのか。

2　ごんは死んだのになぜ幸せなのか。

3　ごんは手伝い（おんがえし）をしなかったらどうなっていたのか。

---

1　ごんはうたれたときは幸せだったのか。

2　ごんは手伝いをして幸せになったのだろうか。

3　兵十は、ごんが食べ物をもってきてくれたから幸せになったのだろうか。

---

1　ごんは、うなぎをぬすんでころされたのに、なぜ幸せなのか。

2　兵十とであって、なぜ幸せになったのか。

3　ごんが幸せなしょうこはどこにあるのか。

---

## ●３〜６時間目……質問の答えを読み取り、レポートにまとめる

　３時間目以降は、『学び合い』による読み取りです。私から、

「これから、自分たちが考えた質問の答えを読み取る活動に入ります。時間は４時間です。４時間でレポートを書くところまでいってください。

　よい読み取りとレポートの条件は、

①答えが明確であること。

②本文中に証拠（根拠）があること。

の２点です。では、どうぞ」

　という話をして、４時間の『学び合い』が始まりました。

でも、３時間目はほとんど盛り上がりませんでした。教科書を見ながら、うんうん唸っている様子が目につきます。表情も浮かないし、知的な会話も皆無です。これはまずい！　と思い、授業の最後に子供たちと相談してみました。

「いまいち納得できない顔をしているけれど、どうかしたの？」
　と聞いてみると、

「自分の答えが、これでよいのかどうかが分かりません」
「４時間の中で必ず三つ解決しなければいけないのでしょうか。グループで三つ選んだので、中には自分にとってあまり興味がないのもあるんです。一つじゃだめですか」
　という答え。なるほど、納得でした。盛り上がらない学びの中でも、ちゃんと考えているんですよね。私は、

「質問づくりはあくまでも『手段』です。この単元の目標は、登場人物の心情の変化を読み取ることだから、ごんと兵十の心情に迫ることが大切です。心情に迫れれば、それが『正解』だし、質問も浅く三つより、ちゃんと迫って一つ考えてもよいでしょうね」
　という話をしました。そして、

「先生一人が『心情に迫っているね』と判断した読み取りより、みんなで読み合って、何人もの人に『心情に迫っているね』と言われた読み取りの方が、きっと良い読み取りだよね」
　とも伝えました。良い答えとはどういうものか、良いレポートとはどういうものか、もちろん、私なりの考えは伝えます。私が何も考えていないならば、子供たちに見限られるでしょう。でも、私の考えを「正解」としてしまったら、子供たちは「私の考え」を探るようになります。物語を読むのではなく、私の考えを推し量るような授業。そんな授業は、私は嫌いです。ですから、「先生＜みんな」という価値観を何度も伝えるようにしています。こういう話を繰り返すことで、

子供たちが学び合い、読み合う熱量が上がっていくからです。

　子供たちからは、

「ふつうは先生に出してもらう問題も、自分たちでするからやることがたくさんあった。答え合わせもできなかったからむずかしかった」

「質問をどんどん出すのはかんたんだったけれど、質問の答えの証拠をさがすのに苦労した。初めてのタイプの勉強は、少しむずかしかった。でも、質問の答えははっきりしていた。この勉強は、お話をよく読んで答えなければいけないし、みんなで考えないといけないからその話がよく分かるためよい。ぎゃくに、５〜６人で行うため、全員と勉強して全員の勉強を見るのはむずかしい」

「質問を出すのや、質問のランキングをつくるのはかんたんだったけど、質問の答えが考えていたよりもむずかしかった。この勉強だと、一緒にしっかり考えているから、みんなのチームワークも上がると思う」

「質問を出すのは簡単だったけれど、答えを出すのはむずかしかった。それに、質問がにていたから気をつけたい」

　等の感想が挙げられました。質問づくりの意義を感じ、子供自身が改善点に気付くこともできていた点は、大きな収穫です。

　でも、反省点も多々あります。例えば、質問の焦点を「ごんは幸せだ」としたのですが、これは「ごんは幸せだ」という読み取りへと誘導するものになってしまいました。一部の子供は「本当にごんは幸せなのか」という質問を考えていたのですが、ほとんどの子供が、

「いや、幸せでしょう」

　と発言し、優先順位を決める段階で選ばれたのは、ほとんどが「ごんは幸せだ」という前提に立ったものでした。授業をする際、子供たちを無意識のうちに私の考えに染めてしまうことが多々あります。ある程度は仕方ないと感じつつ、できれば避けたいところです。

また、読み取りの1時間目が盛り上がらなかったことも、想定外でした。『学び合い』に取り組み始めたばかりの時期は、「答え」を子供がすぐに見られるようにしておくとスムーズに進みます。答え合わせをした子供が、安心して教えられるからです。でも、『学び合い』による授業に慣れてくると子供たちは徐々に答えを見なくなってきます。多くの友達と話し合っている間に、「この答えで合っているな」と確信できるからです。こうなると答えのない問題にも取り組めるクラスになってきます。この時のクラスは十分に「答えのない問題にも取り組めるクラス」でした。ですから1時間目に戸惑っていたのが、意外でした。

　逆に言うと、『学び合い』に慣れているクラスだからこそ、2時間目からはどんどん自分たちで学んでいけたのだとも思います。もしも、自分たちで学ぶことに慣れていないクラスでしたら、

「先生、この答えで合っていますか」

「先生、これでいいんですか」

　という質問が、続出したでしょう。

　この「質問づくり」は、他の領域や教科でも実施しました。国語科では、「話す・聞く」の「話し合い」の単元でも行いました。「話し合いにおける役割分担」という焦点をもとに質問を考え、話し合いを行った後に、「司会の役割で大切なこと」「副司会は何を気をつければよいか」などをまとめました。社会科や理科でも挑戦しました。でも、これが非常に悩みました。社会科や理科では質問はたくさん出されるのです。でも、それが解決可能か、学習指導要領の指導項目を満たせるものか、という点で難しさがありました。例えば、「ヘチマをもっと寒い地域で育てたらどうなるのか」という質問は興味深いですが、それを授業として扱うとなると難しさがあります。調べる方法自体は色々と浮かびますが、それを「理科」として扱えるかどうかは、悩みました。

また、社会科でも「ペリーが日本に来るまでに、どんな航海をしてきたのか」「もしも黒船と当時の日本が戦ったら、どうなったか」など質問として面白そうなものほど「社会科」として扱うには悩むものが多くありました。質問の焦点や優先順位の決め方によって単元のねらいに即した質問となるように限定することも考えましたが、それだと子供たちが行う意義が大きく薄れてしまうでしょう。総合的な学習の時間のテーマづくりとの相性は良さそうですが、学習指導要領の縛りの中で行うにはどうすればよいか、もっと研究が必要なところです。

## 本当は通知票も子供たちがつくれたらいいのに

　子供たちが書いたレポートは、お互いに読み合い、コメントを送り合うようにしています。でも、これだけでは相互評価として不十分だと感じます。本当は、通知票も子供たちがつくれたらいいのに。そう思っています。

　現時点では、こんな方法を考えています。評定を出す時には、まず、一人一人が「自己評価」を行います。それを学級全員で検討します。きっと、こんな会話がなされると想像しています。

「○○君は、国語の時間に登場人物の心情を詳しく読めていたから、Aでいいよね」

「それに、レポートもちゃんと根拠をはっきりさせて書けていたよね」

「でもさ、算数の計算は、もうちょっと伸びそうじゃない？」

「僕は、もっと練習した方がいいって言ったんだけど、『絶対大丈夫！』って言って聞かなかったんだよ。そしたら、やっぱりテストでできていなかった」

「これでAはないね」

「そうだね」

これくらいの会話はできそうです。もしかしたら、子供たちが評定をつけたら甘くなったり、基準が一定にならなかったりしてしまうと考える方もいらっしゃるかもしれません。でも、そんなことは、私がやっていてもあることです。むしろ、複数の目で見る方が、

「それは甘すぎるよ。本人のためにならないよ」

「それだと、さっきの基準と違うんじゃないかな」

　と言ってくれるでしょう。そう言える集団を育てているという自信があるからこそ、子供たちが評定もつける方が良いと思っているのです。

　また、所見文も子供たちが書いた方が、絶対に価値があります。私が「国語科の読むことの学習では、豊かな想像力を生かし、登場人物の心情を的確に読み取り、どう変化していったのかを図を用いてまとめることができました」と書くよりも、子供たちが「○○君は物語をくわしく読むことができます。ごんの気持ちがどう変わったのかをぼくに教えてくれました。ごんがやったことや会話文に気をつけるといいそうです。とっても分かりやすかったです。○○君は優しくて、頭がよくて、すごいです」と書いてくれた方が、何十倍も素敵です。そして、そういう関係性は、将来を明るく照らしてくれるように思います。こういうことを、「振り返りジャーナル」や作文に書くことは何度も取り組んできました。友達の良さや努力を見取り、言葉にすることは、子供たちの関係性をより良いものにしてくれます。正式な評価ではないものでも、かなりの価値があるのです。だからこそ、それを「通知票」という、学校から保護者に渡す中で最も大切に読まれるであろうもので実現できたら、子供たちは爆発的に成長しそうです。時間がかかりそうなのが問題ですが、それはカリキュラム・マネジメントによって何とかなるでしょう。イメージは十分にできているのですけれど、全く実現できそうにありません。これを許してもらうために

は、流動型『学び合い』を許可してもらうよりも何倍も高いハードルが待っています。「子供たちが通知票をつけ、それを正式な評定としたいんですけれど、いいですか」と提案したら、同僚や管理職から何と言われるでしょう。想像しただけで、申し訳ない気持ちになります。また、保護者にどう説明するかも難しいところ。それを許してもらえるだけの信頼はまだまだ得られていません。学校や保護者に納得してもらうだけの裏付けもありません。

　さて、どうやって実現しましょう。こうやって言葉にすることで、実現に少しでも近づけたらよいですね。

## 目指すのは、地域との『学び合い』

　元教え子の保護者にお会いした時、嬉しい話をしてくださいました。中学校へと進学した子供たちが、中学校でどれほど頑張っているかを教えていただけたのです。何よりも嬉しいのが、その保護者の子供の話だけでなく、「クラス」の話として「自慢」してくださったこと。あの子はこんなところで頑張っている、この子はこんなところで頑張っている、そんな風に「みんな」のことを話してくださったのです。最後には、こう言ってくださいました。

「中学校に行けば、もちろん色々と大変なことがあるのですが、でも"あのクラス"ですから、誰かが困っていれば、みんながちゃんと助け合っていますよ」

　これは涙が出るほど嬉しい言葉でした。今思い出しても泣けてきます。私がその子供たちを担任していた時には、

「私がみんなと一緒に学べる期間は、１年か２年だけです。中学校に一緒に行くこともできません。長く一緒にいるのは誰でしょう。このクラスの仲間ですよね。このクラスの仲間と助け合えるということは、

中学校に行っても、その後にも、自分を助けてくれる仲間を得るということなんですよ」

　と話していました。繰り返し伝えていたこの話がちゃんと数年後に生きていたこと、それを保護者がちゃんと覚えていて、私に伝えてくださったことに感激しました。私は本当に幸せな教員です。涙が出るほど、嬉しく感じます。

　でも、泣いている場合ではありません。これだけでは足りないのです。

　私は、『学び合い』に出会ったことで、どんどん授業を変化させていくことができました。それは概ね良い方向への変化だと自負しています。学校が多忙化し、社会も変化し、子供たちも保護者も我々教員も様々な問題を抱えている状況で、楽しく授業を行えていることは、本当に有難いことです。でも、それは本書で書いたとおり「縦に突き進む」授業が中心です。これから取り組みたいと感じている「質問づくり」も「子供による評定」も「縦」の方向性です。私は基本的に、「縦に突き進む」ことが得意な教員なのでしょう。「日本一のクラスをつくろう」という言葉も、縦の方向性の言葉です。でも、子供たちの将来の幸せを考えたら、「縦」ばかりでは足りません。なぜなら、卒業後の子供たちは学校の外へと出ていくからです。学校や学級の中で年齢が近い仲間と助け合うだけではなく、年齢が異なる地域の方々と共に生きていく力が必要です。その力はどこで身に付けるべきでしょうか。それは、学校しかないでしょう。私は「横」へ広がる『学び合い』として、他の学年と合同での『学び合い』は行ってきました。これは学校の枠の中に過ぎません。

　泣いている暇があったら、学校の外へとつながり、小学校段階から地域とつながっていくような授業を行わなければならないのです。子供たちが地域へ出かけて、取材をしたりインタビューをしたりする授

業は、どこでも行われているでしょう。地域の方を教室に招いて、ゲストティーチャーとして授業に参加していただくことも何度もありました。でも、子供たちが地域の方々と共に学ぶような「横」に広がった授業こそが、これからは必要なんじゃないか、そんな風に考えています。例えば、地域の課題について、地域の方と一緒に解決方法を考える授業ができないでしょうか。小学生だからといって特別扱いしてもらうのではなく、その意見が本当に有益かどうかを判断してもらい、実際に役立つものなら採用してもらうような取組です。高校生であれば、食品の販売や商品化などの例が見つかります。同じことを小学生がやっても仕方ないように思います。小学生だからこそできる取組はないでしょうか。と言っても、これも通知票と同様に、実現へのイメージが持てずにいます。今はどんな先行実践があるのか、情報を集めている段階にすぎません。

　私の『学び合い』は、１時間に一つの課題を出し、それを全員できようになることを求める授業からスタートしました。自分の教室と45分という、時間的にも空間的にも狭い範囲でしか授業を考えることができていませんでした。

　それが今では、地域や子供たちの将来という広い範囲の授業を追い求めるようになりました。やりたいけれど、やれないことが多すぎて、自分の力不足が情けなく感じます。こんな大風呂敷を広げて本当に大丈夫だろうかと恥ずかしくも感じます。でも、同時に、これから追い求めたいことがまだまだあることを嬉しく思います。

　さて、ここに書いたことが実現できるでしょうか。それとも、別のことに興味が湧くのでしょうか。自分でも楽しみです。

20××年、流動型『学び合い』は、ついに
宇宙に進出したのであった…

# おわりに

　この本を書き始める半年ほど前のことです。当時の学校長から
「来年度は、学級担任を持たず、教務主任をやって欲しい」
　と、打診がありました。担任を外れることに抵抗感があり、少し迷いましたが、引き受けることにしました。それは「恩返し」の思いがあったからです。

　私は、20代の頃は1学年3〜4クラスある比較的大きな学校に勤めていました。その後、31歳から39歳までの9年間は、1学年1学級の小さな学校で過ごしました。教員生活の最初の8年間は大規模・中規模校で教員の伊呂波を教えてもらい、その後の30代は授業づくりも行事指導も自分一人でやらなければならない環境にいたことは、非常にありがたく、幸運だったという実感があります。一方、私のようなキャラクターの濃い人間が、良くも悪くも学校に様々な影響をもたらすことについても、私は自覚的ですので、
「担任として自分のクラスを最優先に考えて仕事をするのは許されない年齢と立場になったのだ。40代は、今までの恩返しをしなければならない。やるからには、精一杯やろう」
　と考えて、担任を外れる決心をしました。

　しかし、実際になってみると、新しい立場を思いの外楽しんでいる自分がいました。授業は五・六年生の理科を担当したのですが、同じ授業を1組と2組で2回やる経験は新鮮でした。同じ教材、同じ課題であっても集団の違いで授業が全く別物になることを知りました。そして何より、週に3回授業するだけの子供たちのことを心からかわいいと思えたことが、大きな経験でした。

　同時に、自分の実践をまとめる時が来たのだとも感じました。

ここ数年は何度か、自分の実践をまとめてみようと挑戦してきました。けれど、担任中は、自分の学級経営と授業を日々改善しながら過ごしていましたから、書いたそばから「これは違うな」「ここは変えたいな」と何度も書き直すことになり、一向にページが進まなかったのです。もちろん、担任でなくても日々の改善が必要であることには変わりはありません。けれど、40歳という節目に担任を外れたことで、30代の自分の実践を、覚悟を決めて書き残そうと思えたのです。

　振り返ってみると、私の授業は、必然性に迫られて変化してきたことが分かります。例えば、新しい授業に踏み出したのは、必ずと言っていいほど、現状のままでは先に進めなくなった時でした。また、「日本一のクラスになろう！」と呼びかけるようになったのは、東日本大震災の大津波によって荒野となった風景を見ながら生活している子供たちに、せめて学校の中では夢のある日々を送ってもらうためです。こうしてまとめることで、無意識下で考えていたものが見えてきました。ただ、過去を振り返るという行為は、思い出を美化することにつながりがちです。実際の日々は、苦労したことも上手くいかなかったことも山のようにあったのに、そんな部分は切り捨て、いいところだけを記憶の箱に詰めて包装してしまう。書いていて、そんな自分に何度も気付きました。

　東日本大震災後の福島県は、9年が経とうという今でも、辛い状況が続いています。ここには書けない苦しさが山のようにあります。私が感じている最大の辛さは、人々の生活があっという間に脆く崩れていく現実を見てしまったことにあります。一つの地震で、家や家族や平穏な生活を奪われ、その後も、見えない放射線の恐怖に震え、何年間も避難生活を送ることになる。人の営みのなんと脆いことか！それを間近で見たことで、私の中には、大きな虚無感や不安感が存在します。私以外にも、そういう人は少なくないでしょう。そんな中でも諦

めず、未来への希望を持ち、子供たちに学ぶ意義を語り続けるのは、なかなか胆力のいる仕事です。今も続くもやもやとした思いや、苛立ちや、不安感から目を逸らさず、可能な限り記そうとしたつもりですが、なかなか難しかったというのが、正直な感想です。

　さて。私は今、福島県を離れ、宮城県で働いています。この本の原稿を書き上げた後で、全く予想していなかった「県外転勤」の辞令が出たためです。新任校では再び学級担任となり、20代のセンスの良い先生と同学年を組みました。その遠藤先生が『学び合い』に興味を持ってくれたので、4月から一緒に『学び合い』による授業づくり・学年づくりに取り組んでいます。遠藤先生の授業からは、多くの刺激と発見を得ています。他学年の同僚も興味を持ってくれており、何度か異学年合同『学び合い』に取り組むこともできました。第9章に書いたこととはちょっと変化し、今年の私は、「縦に突き進む」ことより「横に広げる」活動が中心でした。

　これから、私の興味や意識は、どう変化していくのでしょうか。自分でも分かりません。でも確実なのは、私はこれからも、一人も見捨てない教育・一人も見捨てられない社会の実現のために実践を磨いていく、ということです。私は、まだまだ「一人も見捨てない」を実現できていません。当たり前のことですが、この本に書いたことは未完成であり、不十分なのです。私はこれからも、もっと前へ歩き続けていきます。

　もし、本書をお読みくださった貴方が、共に歩んでくださるならば、嬉しく思います。


2020年1月

高橋　尚幸

＜参考文献＞

『クラスがうまくいく！『学び合い』ステップアップ』　西川純　著　学陽書房

『資質・能力を最大限に引き出す！『学び合い』の手引き ルーツ＆考え方編』　西川純 著　明治図書

『授業づくりネットワーク No.21―インクルーシブ教育。』　ネットワーク編集委員会 学事出版

『クラスがワクワク楽しくなる！子どもとつくる教室リフォーム』岩瀬直樹・有馬佑介・伊東峻志・馬野友之 著　学陽書房

『小学校学習指導要領解説 国語編 ―平成 29 年 7 月』　文部科学省

『たった一つを変えるだけ：クラスも教師も自立する「質問づくり」』ダン・ロスステイン ルース・サンタナ著 吉田新一郎訳　新評論

『子どもの書く力が飛躍的に伸びる！学びのカリキュラム・マネジメント』　坂内智之・高橋尚幸・古田直之　学事出版

時間割まで子供が決める！
# 流動型『学び合い』の授業づくり

2020年3月1日　初版第1刷発行

著者／高橋尚幸

発行者／杉本　隆
発行所／株式会社　小学館
　　　　〒101-8001　東京都千代田区一ツ橋2-3-1
編　集／03-3230-5683
販　売／03-5281-3555
印　刷／萩原印刷株式会社
製　本／株式会社若林製本工場

© Takahashi Naoyuki
Shogakukan 2020 Printed in Japan
ISBN 978-4-09-840201-4

編集／白石正明　　宣伝／阿部慶輔　　販売／小菅さやか
制作／浦城朋子
DTP／おーく舎